ROSARIO JIJENA SÁNCHEZ

ORGANIZACIÓN DE EVENTOS

ROSARIO JIJENA SÁNCHEZ

ORGANIZACIÓN DE EVENTOS

Problemas e imprevistos
Soluciones y sugerencias

UGERMAN EDITOR
Ciencia & Técnica
Desde 1969 junto al libro

Jijena Sánchez, Rosario
Organización de eventos : problemas e Imprevistos, soluciones y sugerencias .
- 3a ed. - Ciudad Autónoma de Buenos Aires : Ugerman Editor, 2015.
199 p. ; 23x15 cm. - (Estudio)

ISBN 978-987-9468-39-5

1. Organización de Eventos. I. Título
CDD 659

Fecha de catalogación: 10/03/2015

Diseño de tapa e interior: DG. Pablo Ugerman - www.ugrdesign.com.ar

Ituzaingó 1151- P.B. Oficina «8»
(1272) Capital Federal
República Argentina
Telefax: (011) 4362-2107 / 4361-5236
www.ugermaneditor.com.ar
ugermaneditor@netizen.com.ar
jcugerman@yahoo.com.ar

Primera Edición: marzo 2001 - Ugerman Editor
Segunda Edición: febrero 2004 - Ugerman Editor
Primera Reedición de segunda edición: Abril de 2007 - Ugerman Editor
Segunda Reedición: julio 2010 - Lectorum-Ugerman
Tercera Edición: marzo 2015 - Ugerman Editor

Hecho el depósito que marca la ley 11.723

Esta edición consta de 1.000 ejemplares más demasía para promoción.

ISBN 978-987-9468-39-5

A mis hijos, mis alumnos
al personal docente y
administrativo de COE.

ÍNDICE

Una maga para tanta magia 11
Introducción 15

Capítulo I : Objetivos 21
Capítulo II : Otros recursos y funciones 43
Capítulo III : Improvisado. Imprevisto 59
Capítulo IV : Etapas del organizador 77
Capítulo V : La palabra 83
Capítulo VI : Sedes 93
Capítulo VII : La comida y el entretenimiento 109
Capítulo VIII : Públicos & respeto 125
Capítulo IX : Espectáculos. Reuniones 163
Capítulo X : Asistencia al participante/expositor 175
Capítulo XI : El ceremonial 183

Epílogo 195

UNA MAGA PARA TANTA MAGIA

Hace algunos años el prestidigitador Alex Mir anunció a su absorto público porteño que iba a quebrar la regla fundamental de su oficio y revelaría uno de los trucos de su *métier*. Pero, para su asombro, la respuesta posterior de sus desilusionados espectadores no fue admirativa sino que casi le reprocharon: "¿de modo que era tan fácil hacer esa magia?". Es que así de sencillos pueden parecer los procedimientos ocultos que permiten desarrollarse a cualquier evento deslumbrante.

Sin embargo, los recursos de aquel mago no habían sido un producto nada fácil. Horas, días y meses de práctica le demandó la ejercitación de sus dedos hasta lograr que esos pases sencillos resultaran absolutamente eficaces.

Salvando las distancias, un buen organizador de eventos debe ser como un mago que presenta un espectáculo fascinante sin que se conozcan los mecanismos ocultos que activaron cada una de las etapas de su obra. Y quizá resulte mayor el éxito cuanto menos se conozcan esas claves que posibilitaron el perfecto desarrollo de una función. Los entretelones y contrapesos de la tramoyería no admiran a nadie, pero son necesarios para sostener la escenografía.

Pero ¿qué ocurre cuando surgen imprevistos y se perturba el funcionamiento de un acto previamente organizado?

Es aquí cuando resurge el valor de contar con un profesional adiestrado para encarar y resolver situaciones imprevistas. Precisamente, aquellos pretendidamente puristas que señalan como contradicción el "organizar eventos" deberían considerar que toda actividad humana está sujeta a eventualidades y que precisamente el profesional se distingue del aficionado en cuanto a su preparación para encarar cosas no previstas.

Rosario Jijena Sánchez es una verdadera pionera —ha sido reconocida así en nuestro país y también en el extranjero— en la capacitación de organizadores de eventos y su tenaz búsqueda de la excelencia fue continua y amplia en cuanto a lograr un óptimo nivel en la preparación de especialistas para una actividad que moviliza a cientos de miles de personas en todo el mundo, desde un cumpleaños familiar hasta un *mega-recital* popular.

Pero su afán no se ha limitado a la preparación y análisis de todos los pasos y etapas que demanda organizar un evento en el tiempo y el espacio, sino que últimamente se interesó en transmitir soluciones y remedios para los imprevistos (precisamente, los "eventos") que puedan afectar el desarrollo de una reunión.

Como la he acompañado en muchas etapas de su labor puedo dar fe del interés que siempre le ha despertado encontrar soluciones para las contingencias que puedan surgir durante el transcurso de un evento, y que ahora ese interés se concreta en esta obra, donde su experiencia y su imaginación —junto al testimonio de destacados profesionales— proponen todo un arsenal de instrumentos para afrontar tanta diversidad de imprevistos. Donde lo que podría ser nada más que un desafío personal para alguien muy ingenioso como lo es ella, ha conseguido transformarlo en una práctica guía de caminos para que otros —con mayor o menor ejercicio del oficio— puedan hallar salidas en el campo de la organización de eventos.

Así, la autora propone practiquísimos consejos, donde el recurso a adoptar no es tan importante como la esencia del procedimiento. Recuerdo aquí un comentario suyo al respecto: "Lo importante es brindar siempre información al público". E indicar que muchas veces con algo tan elemental como un trozo de cartulina y un marcador de trazo grueso, puede fabricarse un letrero que evite aglomeraciones y consecuentes problemas más importantes.

Sí, una solución sencilla puede y debe ser muy eficaz, aunque permanezca oculta y no resulte deslumbrante.

Como aquel veterano mago porteño que una noche reveló sus secretos, aquí Rosario Jijena Sánchez abre una galera para extraer de ella trucos y soluciones para que parezcan fáciles de aplicar, aunque sean el fruto de una prolongada y vasta experiencia.

Oscar Fernández Real

Introducción

Cuando el editor Juan Carlos Ugerman me encargó este libro, regresaba yo de Cuba e iba camino al Viejo Mundo. Cuántas sorpresas, cuántas emociones, cuánto hablar sobre EVENTOS. Lenguaje universal.

En mi anterior libro, *Eventos, cómo organizarlos con éxito,* comentaba sobre cómo debe ser la organización, el cronograma de acción, los pasos a seguir en cada circunstancia, y con el aporte de destacados profesionales organizadores, responsables de predios, salones, etc., se daban ideas precisas que sirven de guía para su realización.

En este caso, aceptando la propuesta del editor, lo que deseo transmitirles es, para cuando están ya organizando un evento y con todo en marcha, cómo resolver situaciones ante determinados imprevistos o problemas que se presenten y brindar soluciones y dar sugerencias.

También he solicitado la participación de algunos profesionales —ya sean responsables de eventos o proveedores— y junto a periodistas trataremos de contribuir con nuestro conocimiento a que se alcance la excelencia en cada evento.

¿Por qué esta inquietud? Porque a veces suceden imprevistos, se nos presentan problemas de distinta índole, que pueden hacer fracasar cualquier reunión.

Dependerá del profesionalismo del organizador, de su experiencia, del autodominio, que encuentre la solución en cada caso; a veces deberá preocuparse de que no trasciendan situaciones que pueden causar algún daño ni preocupar inútilmente al participante a un congreso o al invitado a una reunión social. Dado que no está en manos de aquellos el solucionarlo no vale la pena involucrarlos.

Predios feriales, palacios de congresos, centros de convenciones, burós... Los que estamos en este medio sabemos muy bien de qué se trata en cada caso, cuáles son las diferencias que existen entre un país y otro, los distintos conceptos en cuanto a la organización. Alguna terminología puede cambiar —en Cuba dicen edecanes a los asistentes de sala, por ejemplo— pero sobre todo el evento tiene un lenguaje común en todos los idiomas que permite *la comunicación, la interrelación.*

No hay evento sin gente, sin seres humanos. Y errar es humano... Siempre surgen problemas y hay que solucionarlos.

Muchas veces se dice que el correo electrónico, *Internet* y quién sabe qué otras picardías del Mandrake de la tecnología que nos esperan en este nuevo siglo que comienza, harán peligrar la realización de eventos. Pero la necesidad del contacto humano, del relacionarse cara a cara, no dejará de existir. El compartir con una mirada la emoción de un espectáculo, el tomarse de las manos en un acto religioso, el corear al unísono la canción de los Rollings o de Soledad, no podrán perderse jamás, pues buscamos permanentemente el contacto con el otro y aun en los megaeventos nos sentimos parte del mismo y pertenecemos a ese entorno.

El organizador proyecta, crea, organiza, ejecuta, con profesionalismo, seriedad; lleva adelante una propuesta de comunicación, es el responsable de una acción para la que ha trabajado durante mucho tiempo y lleva consigo la experiencia, lo ya vivido.

Esta actividad existe desde todos los tiempos: en la preparación de rituales, en las danzas tribales, los oficios religiosos, los festejos y entierros o en la organización de la ceremonia de iniciación que aún realizan algunas sociedades cuando los niños alcanzan la pubertad, o en la planificación perfectamente estructurada y precisa de una graduación. Las conclusiones sobre una ponencia determinada, el resultado de un estudio, los cambios de una política, casi siempre se han hecho a través del diálogo en encuentros, asambleas, convenciones o congresos.

El compartir un momento con seres queridos, esa necesidad de estar juntos, se concreta al ser partícipes de todo tipo de reuniones sociales. Por eso, reitero que he escrito mi tercer libro para quienes se inician en este ámbito generador del estrés (positivo), de mucha adrenalina ya que todo debía estar listo para "ayer", y a veces no lo está; que no puede existir nada librado al azar, que no hay margen para el error, pero básicamente para los que ya organizan algún tipo de evento, de acto, reunión, para que encuentren respuestas a sus inquietudes y soluciones a algunos de los problemas más frecuentes y que les pueda interesar profundizar sobre este tema, que apasiona y que es una de las herramientas directas de la comunicación.

Este libro

Para que sea un instrumento práctico, este trabajo señala algunos problemas y los acompaña con sugerencias para resolverlos, para que usted —que ya está organizando eventos— pueda afianzar y complementar sus conocimientos.

Así, por ejemplo, al hablar de improvisaciones, un escenario mal armado por no haber calculado correctamente los tiempos y el material adecuados, o el desconocimiento de normas de seguridad imprescindibles pueden ocasionar situaciones que pondrán en peligro la integridad física de los participantes o el público y el incumplimiento de las pautas programadas. El hecho de comenzar a destiempo o de no cumplir con algún aspecto de lo prometido por una situación inesperada, si bien atenta contra la excelencia del evento o la correcta realización del mismo, no revestirá tanta gravedad.

Es fundamental que todos los organizadores tomen en cuenta también el factor humano, indispensable, del que asiste a un evento.

Sintetizando los conceptos vertidos en mi libro antes mencionado, que trata sobre cómo organizar eventos, quizá reiterando expresamente algún concepto, destaco la importancia de lo que significa ser un organizador, un maestro de ceremonias, el hacedor de un momento agradable, placentero, o el responsable (a veces involuntario) de un caos por un imprevisto que no se supo prever.

Tomando dos puntas: quien organiza y quien recibe, conociendo a quién está dirigido un evento, hay que saber diferenciar entre un público obligado de un público selecto, ideal, voluntario, como explico en el capítulo 1, porque ese público también va a actuar en consecuencia.

Además de esta división podemos hacer otra en cuanto al público interno, cerrado (perteneciente a una empresa o institución, grupo político o religioso), y el externo, heterogéneo.

Hacemos también una diferenciación de los eventos, entre aquellos que nos permiten o exigen creatividad, originalidad, impacto, dar que hablar, innovar y aquellos que debiendo seguir pautas rígidas, estructuradas en base a una programación y un esquema fijo, igual demandan nuestra creatividad. Y si nos ubicamos e imaginamos el evento desde la vivencia del invitado, visitante, asistente o espectador, veremos todo con mayor amplitud y con las visiones propias que nos ofrece ese otro ángulo.

Si bien la resolución de imprevistos dependerá en cada circunstancia, de hasta dónde pueda afectar al evento en sí o a las personas asistentes, no será lo mismo la ausencia de un disertante entre varios oradores que las dificultades por inasistencia de un único orador. Asimismo, en una reunión social los tiempos pueden ser más flexibles que en otras ceremonias; la exactitud del horario en que se hará el corte de la torta en una boda o el momento de bailar el vals en una fiesta de quince años atañe al organizador pero no está involucrado el invitado, mientras que la programación de un congreso, por ejemplo, tiene un horario preciso que se debe respetar.

Podemos pensar que cada invitado, público o participante tiene su propia reacción ante un imprevisto, lo mismo que el organizador capacidades o habilidades diferentes. También van a influir en la resolución del imprevisto o del problema presentado, la personalidad, las exigencias, cultura, escala de valores, conocimiento y poder de captación y de apreciación. En esto incidirá tanto la calidad como la cantidad de reuniones a las que se asistan, así como si es *primerizo* en un evento o está cansado de concurrir porque lo exige una actividad o profesión.

El organizador *incide* indirectamente sobre los sentimientos de las personas asistentes a un evento. De él depende que una reunión, que podría ser pasiva y aburrida, se transforme en divertida y sea un momento excepcional que recordemos siempre. De su experiencia, autocontrol y conocimiento también dependerá el salir airoso de cualquier situación; que no trasciendan los problemas internos y que no afecten el normal desarrollo del momento.

Si está en sus inicios, a lo mejor se encuentra desorientado acerca de la forma en que puede desarrollar esta actividad. El **OPE** (Organizador Profesional de Eventos) podrá trabajar *free lance,* contratado por evento, ya sea por una empresa, institución, asociación o un particular. En forma independiente dentro de su propia empresa, generando y produciendo sus eventos, arriesgando su capital, o en forma independiente pero sin asumir un riesgo económico (es decir, contratado). También podrá formar parte de una empresa organizadora de eventos.

A trabajar entonces, contando con la participación de reconocidos organizadores, agentes de ceremonial y de prensa y empresas de servicio, que nos contarán algunas de las situaciones que vivieron, los imprevistos y cómo los solucionaron, como así también las opiniones de los proveedores. Con la visión del invitado tendremos una idea integral de la importancia que tienen los eventos, reuniones de cualquier tipo o acontecimientos de esta índole en nuestra vida.

Espero que resulten de interés y sean de utilidad.

Agradezco a quienes brindaron su colaboración:

Elizabeth Alvarez, Organizadora de Eventos de Perú; *Nora Berrojalbis,* Directora de la Revista *Perspectivas; Daniel B. Benincasa* de Hobbit Worldwide Logistics S.A.; *Mónica del Villar,* anfitriona; *Norberto Feldman,* empresario, dueño de la Quinta Silvia; *Oscar Fernández Real,* periodista, editor del periódico *Eventos; Juan Carlos Grassi,* Director del Grupo Editorial Ferias y Congresos; *Lucius Goncalves,* Licenciado en Ceremonial de Manaos, Brasil; *Amanda Norma Marconi,* violinista, integrante de la Orquesta del Teatro Colón; *Carlos Alberto Monferrer,* Past President de la Asociación de Organizadores de Congresos, Ferias, Exposiciones y Afines de la República Argentina.

CONSEJOS PARA EL ÉXITO DE UN EVENTO

a) Conocer bien al cliente.
b) Conocer el interés del público.
c) Integrarse a la estrategia de comunicación del anunciante.
d) Desarrollar una buena convivencia entre la empresa organizadora y su cliente.
e) Identificar claramente los objetivos.
f) Concebir el evento a medida, personalizado, único.
g) Fijar un presupuesto y mantenerlo.
h) Nunca decir que es imposible, pero asegurarse siempre de la viabilidad del proyecto.
i) No tolerar ninguna falla en la logística.
j) Prever un aproximado del resultado.
k) Apasionarse.

LIONEL CHOUCHAN, *La comunicación del siglo XX.*

Los temas de moda

Hace varios años era la ecología; estos últimos, la solidaridad. Según Jacques Seguela, en el futuro será la *salud,* el *éxito,* el *medioambiente,* la *calidad de vida* y la *fraternidad.*

CAPÍTULO I

Objetivos

El mundo de los eventos brinda posibilidades infinitas, abre caminos, tendencias y modas que permiten, en algunos casos, rescatar la nostalgia o aplicar la tecnología que se renueva diariamente. Para ello, es necesario determinar claramente cuál es el objetivo del evento.

Una vez definido esto estudiaremos la factibilidad del mismo para lograr el éxito del proyecto. A veces es difícil congeniar idea, presupuesto, posibilidades técnicas, recursos humanos, tiempos de preparación, política, intereses o premura en realizarlo, porque acabamos de enterarnos de que la competencia u otra empresa puede presentar un producto o servicio similar antes que nosotros.

Pero se debe tener plena conciencia del porqué se realiza ese evento y qué se desea lograr con el mismo.

Objetivo general: la comunicación directa, el cara a cara, el saber quién es el otro, el poder transmitir una idea, el provocar reacciones, inducir, motivar o informar.

Objetivo específico: la venta, promoción, institucionalización, el posicionamiento, la relación con la prensa, la imagen ante el cliente externo y el cliente interno.

Podemos hablar también de los *objetivos explícitos* (directos, que son públicos) y de los *objetivos implícitos* (indirectos, reservados, derivados).

¿Con qué está asociado el evento? Con el protocolo, el marketing, la prensa, las relaciones públicas, el turismo, la economía, la gastronomía, la creatividad y la imagen, entre otras cosas.

Algunas personas que asisten a nuestros cursos esperan que les brindemos una receta mágica, que les demos la clave del éxito, la originalidad del evento máximo, del que da que hablar, del que dará plena satisfacción a su cliente; también quieren saber los honorarios exactos que se deben cobrar en cada caso. Como en cualquier carrera o curso de capacitación y formación, lo que se brinda son las herramientas necesarias para organizar una reunión correctamente; el estilo y el espíritu los aportará posteriormente cada organizador. El toque de distinción o de originalidad, ese *no sé qué* que a veces sentimos y no podemos expresar con palabras, será dado por la personalidad, creatividad, profesionalismo y exigencia de cada organizador. No podemos darle todo pensado, es imposible, pero sí podemos enseñar a pensar para que lo pueda aplicar luego en cualquier ocasión.

Los logros y los errores tienen su causal. Cuando los analizamos todos tienen su porqué: sentimos algo especial al llegar a un salón decorado hermosamente para una boda o al entrar en la sala del plenario de un congreso donde nos sobrecoge la solemnidad del recinto, y luego elaboramos si esa sensación tenía una raíz, una base que la sustente. ¿Será porque se manejaron los tiempos como correspondía?, ¿será porque nos dieron más de lo que se había prometido o anunciado?, ¿será porque la comida fue exquisita o porque bailamos toda la noche en la última fiesta o porque la ubicación de las banderas, plantas, iluminación y orden para una entrega de premios nos infundió respeto y transmitió armonía en todo?

Estas herramientas son la base, el esqueleto, la estructura; lo demás corre por cuenta propia pero respetando los objetivos del evento, que es lo que se debe tener muy en claro, y no es lo mismo el objetivo de una multinacional, que tiene presupuestos para sus filiales de todo el mundo y hace los eventos fuera de la connotación económica de cada país, al negocio que se acaba de inaugurar en la galería de moda y debe presentarlo en sociedad con gran esfuerzo personal. El organizador debe conocer primeramente a su cliente, así como a los objetivos, pero además, en qué plazo quiere alcanzar ese objetivo: corto, medio o largo.

La maravilla de todo evento, y a su vez algunas veces su problema, es que ninguno es igual a otro, las variables son infinitas y por eso no hay valores de honorarios prefijados ni podemos dar pautas exactas al respecto. Proporcionamos el tronco, las hojas, las flores y los frutos dependen de usted.

Las experiencias que algunos expertos organizadores y proveedores nos cuentan son tan valiosas como la teoría que ustedes puedan aprender.

Para cumplir sus objetivos deben dividir muy bien las áreas de acción, la actividad y las funciones a desarrollar, designar el responsable de cada una de ellas y estar todos involucrados e interiorizados de por qué se realiza ese evento y sentir que uno es parte fundamental de ese logro.

FUNCIONES Y RECURSOS HUMANOS

Podemos decir que el evento es uno de los *recursos del futuro*, veamos por qué:

- por los ingresos que genera,
- por ser una fuente de trabajo para una cantidad de personas,
- por la posibilidad de negocios que se concretan,
- por los contactos que se amplían.

Así, para lograr el objetivo que hemos definido, una vez preparado el plan de trabajo, elaborado el presupuesto y propuesta la logística, contaremos con una de las herramientas fundamentales de cualquier acción: el recurso humano; en definitiva, gente, que si no contamos con ella o si tenemos una mala relación no se podrá llevar a cabo la idea o se hará en forma incorrecta.

Veamos quiénes son esas personas, la actividad que realiza cada una de ellas, los problemas que se presentan, y trataremos de darles solución.

Algunos recursos humanos para los diferentes tipos de eventos son:

- Agentes de ceremonial
- Auxiliar de sala
- Agentes de prensa
- Bailarines
- Camareras
- Cocineros
- Coreógrafos

- Choferes
- Disc-jockey
- Diseñadores gráficos
- Despachantes de Aduana
- Directores técnicos
- Electricistas
- Escenógrafos
- Iluminadores
- Intérpretes
- Jefe de sala
- Modistas
- Músicos
- Maquilladores
- Peinadores
- Planchadores
- Promotores
- Relacionistas públicos
- Recepcionistas
- Traductores
- Valet parking
- Vestuaristas

FUNCIONES, NECESIDADES Y SITUACIONES CRÍTICAS

Al contratar el personal es importante evaluar su capacidad, determinar claramente sus funciones, conocer su estilo en algunos casos y evaluar el perfil adecuado. Veamos cada situación.

Agente de ceremonial

El agente de ceremonial es la persona que crea un orden en base al respeto de las normas, al protocolo de cada situación, al conocimiento de las jerarquías, precedencias y presidencias, costumbres extranjeras, etc. Se ocupará de que las invitaciones se envíen con la debida anticipación; de que las ubicaciones en estrados, palcos, mesas sean las correspondientes a las funciones y cargos de cada persona; al correcto trato con autoridades.

Hemos consultado con agentes de ceremonial que nos informarán y contarán distintas situaciones, así como la resolución de imprevistos en el capítulo 11.

AGENTE DE PRENSA

Es la persona que hace de nexo entre el organizador y el público, el que informará a los medios. Realizará acciones de prensa, o sea de comunicación directa a través del envío de gacetillas o en reuniones y conferencias de prensa, previa selección de la sección adecuada.

El agente de prensa será contratado por el organizador. Necesitará que se le prepare una carpeta con datos de la empresa o institución y del evento en sí, así como fotografías.

Posterior al evento, el agente de prensa se ocupará de todo hecho que interese y merezca ser transmitido a la sociedad, así como del seguimiento de las notas publicadas, y entregará a su cliente el *pressebook,* o carpeta de prensa donde conste lo publicado.

Podremos encargarle un prelanzamiento; de esa manera veremos cómo trabaja, su capacidad para resolver alguna situación, el poder de convocatoria y la respuesta de los medios.

Nora Berrojalbis, de "Perspectivas", nos cuenta al respecto:

—*Lo primero que hago cuando me llega una invitación a un evento es agendarlo y verificar que ese encuentro sea de interés para el medio que dirijo.*

—¿Qué siente?

—*¿No siento nada en especial, se trata de cuestiones laborales.*

—¿Incide en su interés la forma en que recibe la invitación?

—*Me llama la atención que sea novedoso, creativo, ingenioso; que salga de lo común. Eso es en definitiva lo que atrapa la atención y lo distingue de ser tan solo una invitación más.*

—¿Qué necesita para transmitir la información que se dará a conocer durante el evento?

—*Para transmitir la información que se dará a conocer en el evento necesito que sea relevante o interesante para la revista. Por supuesto que además es necesario que exista material adicional, como gacetillas, informaciones, estadísticas, etc. Que respondan al qué, quién, cómo, cuándo y dónde.*

—¿Transmite esa información por un deseo o interés personal?

—*El transmitir o no la información no pasa por un deseo personal sino por el interés o el rebote que pueda llegar a tener en mis lectores. Lo más importante cuando uno confecciona una gacetilla o invitación es tratar de generar una noticia.*

—¿Qué es lo mejor que puede tener un evento?

—*Aquí hay que hacer una distinción. Evento es denominado algo que puede o no ser realizado, porque es eventual. Este término dentro de los organizadores profesionales de congresos no está bien visto. Lo más interesante en un congreso, exposición o reunión es poder tener acceso a las novedades tecnológicas, científicas, según sea el tema que se esté tratando.*

—¿Y qué es lo peor?

—*Que sea un evento exclusivo para gente del sector (es decir, al que acuden muy pocos periodistas), llegar y no figurar en la lista a pesar de haber recibido la invitación con un mes de anticipación y haber confirmado la asistencia.*

—¿Cuándo es noticiable un evento?

—*Cuando lo que se da a conocer es novedoso.*

—¿Qué información necesita?

—*La información previa es fundamental, ya que nos da un adelanto de lo que podemos llegar a encontrar en el lugar al que tenemos que asistir. De esta manera, podemos tener una idea cabal del grado de interés que puede tener esa noticia para nuestros lectores.*

—¿Cuándo es factible que sea publicada?

—*Para que una información pueda ser publicada, pasa por tres etapas: análisis de la noticia, ampliación o verificación de la misma, elaboración de un artículo. Si está relacionada con un encuentro, exposición o congreso, lo observamos, hablamos con los organizadores y los participantes, y luego se elabora la correspondiente nota. Siempre que se hacen comentarios en la revista, se hacen en función de la ideología del medio y poniéndonos en el lugar de nuestros lectores. Cuando se transcribe un textual se pone en boca de la persona que lo dijo, con nombre y apellido, cargo y empresa a la que representa.*

—¿Siempre representa al medio?

—*Sí, absolutamente. En todos los eventos a los que asisto —salvo que sean de carácter social— represento al medio que dirijo. En* Perspectiva *se intenta tener pluralidad de opiniones. A pesar de que tenemos un estilo para escribir y expresar las opiniones, siempre se respeta la forma de pensar de cada uno de los que escriben.*

El periodista Oscar Fernández Real, editor del periódico *Eventos*, también nos ofrece su testimonio:

Como todo evento requiere creatividad, esta misma condición puede permitir solucionar situaciones muy críticas. Esto tiene fundamental aplicación en el tema de la prensa vinculada a eventos.

Una regla de oro podría ser la de convertir en positivo lo negativo. Por ejemplo, podría ocurrir que sea necesario desarrollar un acto en un sitio donde no haya energía eléctrica y esto podría complicar el trabajo de camarógrafos (no el de fotógrafos y operadores de video, que pueden llevar sus propias baterías). Sin embargo, esto puede solucionarse advirtiendo previamente sobre esta limitación. Pero no considerando esta restricción como una falla, sino revistiéndola de una característica particular (puede señalarse que el clima que se busca lograr es romántico a la luz de velas o candelabros.)

Un caso similar se dio por razones de presupuesto cuando se organizó la primera Expoaventura en terrenos de la ex Ciudad Deportiva de Boca Juniors. No había fondos para ofrecer a los expositores los elementos de stands necesarios (ni tampoco se los quería pedir), por lo que se imaginó organizar un concurso y requerir a los participantes que presentaran creativamente sus productos utilizando los mismos materiales y elementos que se usan en un campamento (telas impermeables, cuerdas y parantes). El resultado fue que toda la exposición fue como un gran campamento y que el stand ganador perteneció al CEAMSE, cuyos guardaparques presentaron su muestra armando uno de sus propios apostaderos, con caballos, personal tomando mate en torno a un fogón y un pequeño anfiteatro cuyos asientos eran... ¡fardos de pasto!

Otro caso se dio para el encargado de atender a los periodistas con motivo del lanzamiento de una línea de camiones Scania en la ciudad de Rosario. El tema no era como para interesar mucho a la prensa. Pero como estos camiones promocionaban su producto señalando que sus mecanismos y controles eran hidráulicos y tan suaves que requerían muy poco esfuerzo para ser operados, al organi-

zador se le ocurrió anunciar un concurso en el que podrían participar todas las mujeres periodistas que quisieran conducir los camiones. De este modo, consiguió varias notas donde hermosas modelos y conductoras de programas de tevé aparecieron manejando esos camiones, un oficio que antaño parecía exigir hombres forzudos. Además de las notas y la consiguiente promoción, se logró poner énfasis en la facilidad de accionamiento y el descanso que ello representaba.

En cuanto al manejo de los tiempos durante la conferencias de prensa, recuerdo el error cometido por el organizador, cuando al mediodía y ante un salón repleto de hambrientos concurrentes le encomendó al locutor Antonio Carrizo la lectura de un discurso donde se insertaba la memoria y balance de la empresa. En medio de la alocución la multitud se precipitó sobre las mesas servidas y prácticamente obligaron a interrumpir la tediosa lectura. Para todo hay un tiempo, un timing *que se debe conocer muy bien.*

ARQUITECTO

En las ferias y exposiciones el arquitecto se ocupa de la planimetría, o sea de diseñar los planos del evento, la ubicación de los stands, las medidas, analiza las posibilidades técnicas y los requerimientos de espacio, la infraestructura necesaria existente y la que deberá incorporarse, construirse o adecuar, y en algunos casos elaborará el Reglamento de Participación para la exposición.

Necesitará tener un conocimiento previo de la sede, del reglamento, de todo tipo de planos (electricidad, cañerías), calcular el peso que soporta la estructura.

Si no es un profesional de nuestro conocimiento es aconsejable asistir a alguna exposición de la que esté participando, o pedirle videos, CD's, donde podamos ver su trabajo. Por otro lado, es necesario conversar hasta agotar todas las inquietudes y que se sienta compenetrado con la idea de nuestro evento. Cada uno tiene su estilo y debe coincidir con el del organizador y el del cliente, para que todo resulte armónico. En algunos casos se podrá hacer una maqueta para ver corporizado y en volumen lo que se desea; en otros, trabajará directamente en los programas de diseño de las computadoras.

AUXILIAR DE SALA

Es la persona que en los congresos, seminarios, conferencias, se ocupa de la asistencia al disertante y también de los participantes.

Sus funciones van desde chequear los elementos del estrado, carteles, agua, ceniceros, micrófonos, la decoración, control de las banderas, material de proyección, informando a los disertantes, verificando el cumplimiento del horario hasta la atención al público. Es un ayudante que deberá estar atento a todas las necesidades del orador. Hará entrega de material al participante, y deberá brindar la información que le soliciten, alcanzar micrófonos, como también relacionarse y estar atento a las necesidades de los intérpretes y responder en forma directa al Jefe de Sala de quien depende.

BAILARÍN

El incorporar danza a cualquier tipo de evento es una variable dentro de lo que puede ser el *show*, un intervalo diferente o un entretenimiento. Todo tipo de danza es válido, dependerá del estilo que quiera imponerse y, por supuesto, del tipo de evento.

Necesidades internas: Espacio para cambiarse, espejos, lavatorio para el maquillaje, buena iluminación.

Necesidades externas: Escenario o espacio para danzar. Sabemos que se puede danzar sobre una mesa (Bolero de Ravel en la versión más popular de *Los unos y los otros*), en las escalinatas de una plaza (como para el desfile *Donne soto le stelle* de Piazza Spagna en Roma) con la participación de Julio Bocca o Maximiliano Guerra, o sobre una pasarela (como en los desfiles de moda de Roberto Piazza), por citar solo algunos ejemplos.

Pero hay que conocer el espacio que se necesita, la tarima o escenario, y acondicionarlo para ello. Para danza con zapateo, folclore argentino o de otros países, o lo que llamamos zapateo americano (tap), habrá que colocar, si no lo hubiere, piso o tarima de madera para que resuenen las chapas de metal sobre el piso o el taconear de las botas en danzas folclóricas. Para bailarines clásicos, se colocará un tapete de caucho sobre el piso, en caso que este no sea muy parejo. Además, hay que evaluar que un bailarín no puede saltar sobre un piso rígido; siempre necesita una base flexible. Seguramente tendrán que ensayar, por lo que se deberá armar el escenario, estrado o pasarela, con la debida anticipación y en forma conjunta con el sonidista y el iluminador.

Recuerdo una experiencia con un ballet infantil en un cine teatro de la ciudad de Las Termas, en Santiago del Estero. Al llegar el día de la función, el representante del teatro informó que los camarines estaban inundados (algo realmente imprevisto). La única opción era cambiarse detrás de la pantalla (bailaban delante de ella). Esto significó que los cambios de traje durante el espectáculo los tuvieron que hacer a oscuras, con el consiguiente cuidado que eso representaba; luego nos enteramos de que ésa era una excusa de hacía varios años.

En otra ocasión, para un desfile de moda un club armó la pasarela con mesas, y deseosos de brindar lo mejor puso mantas Palette nuevas como alfombra. Invariablemente los tacos de las modelos se enganchaban de continuo. En este caso debió verificarse con anticipación el escenario, ya que sobre el momento era imposible eliminar las mantas porque estaban clavadas.

Solución: las modelos continuaron desfilando descalzas, de esa manera obviaron el problema.

COREÓGRAFO

El coreógrafo es la persona que marca los movimientos a los bailarines o las figuras a los modelos en un desfile de modas. También se han realizado presentaciones de automóviles que circulaban entrecruzándose como en un ballet. Del mismo modo, pueden marcar los movimientos de los caballos, como los famosos equinos andaluces o los árabes, o los de nuestra Policía Federal, que ejecutan movimientos precisos y ya pautados (y seguramente ensayados muchas veces). Lo más probable es que usted lo necesite para un desfile de modas.

En ese caso necesitará ponerse de acuerdo con las modelos, ensayar, conocer el tiempo y el estilo del desfile. Puede ser que ya trabaje con su propio equipo de sonidista e iluminador. Así, si el desfile se realiza sobre una pasarela necesitará que la misma sea armada previamente para poder ensayar con la iluminación, el sonido y la escenografía correspondientes. Para conocer el estilo, calidad y profesionalismo del coreógrafo, al igual que a los bailarines, podrá verse algún espectáculo bajo su creación o videos, para luego marcar bien el estilo que se desea imprimir y la duración del espectáculo.

DISC-JOCKEY

Sabemos que es la persona que tiene a su cargo la elección de la música, y luego, en algunos casos, también se ocupará de difundirla. En caso de desfiles de moda, deberá indicarse si se cambiará la música para la *pasada* de cada modelo, si se enlaza un tema tras otro o si habrá música de fondo durante una comida; se eligirán temas apropiados a ese fin o para que se baile entre plato y plato.

Necesita información para la selección del tipo de música, los tiempos, la duración, la programación. En las reuniones en las que se baila durante una comida, como en casamientos o fiestas de quince años, es fundamental sobre todo estar sincronizado con el *maître,* ya que hay platos que no pueden esperar y a veces los hornos de conservación, los *rechaud,* no dan abasto o simplemente no se cuenta con ellos. Se indicará la música que puede o debe emitir y sobre un listado que el disc-jockey proporcione se hará la elección de lo que no se desea escuchar. La música debe ser del gusto y agrado de cada uno y adecuado a cada circunstancia. Hay que trabajar también en forma conjunta con el presentador o conductor que va a digitar la fiesta. Hay que marcarle el minuto a minuto del evento y deberá tener un lugar para ubicarse desde donde pueda ver el espectáculo. Si el evento transcurre en un teatro, a veces se reserva un palco, generalmente el *avant-scene*, para que el disc-jockey coloque parlantes, consolas y equipamiento especial, los CD's, casetes, etcétera.

Tendrá que conocer las llaves y tomas de electricidad, el tablero, la capacidad energética del local, el tamaño del salón o la sala. Como siempre, será oportuno asistir a algún evento donde el disc-jockey esté trabajando para conocer su estilo y la relación que establece con las demás personas.

CHOFER

Como el encargado de trasladar a algunas personas (puede ser un disertante, un invitado de honor, una autoridad, un artista o público en general), debe tener un *planning car*, una planilla con el trayecto y los horarios en que debe buscar o llevar a alguien.

Tendrá un listado con nombre y dirección; si es hotel, número de habitación, y datos de la empresa, el nombre de la línea aérea, el número de vuelo, toda la mayor información del medio de transporte en el que arribe o parta una persona.

Si no se trabaja directamente con una empresa o alguien conocido, deberá tener en cuenta la seriedad, registro de conductor, verificar que sea una persona confiable. Recordemos para el caso el accidente de Lady Diana. Es imprescindible que el chofer sea una persona responsable y en caso de que conduzca luego de una reunión, que respete los tiempos, que el automóvil esté en perfectas condiciones mecánicas, con las patentes pagas y los seguros correspondientes.

DISEÑADOR GRÁFICO

Es el encargado de diseñar, de diagramar la señalización, la panelería, los afiches, los carteles indicadores, los planos, los programas; todo lo que se refiera a la gráfica. Siempre se trabaja sobre una idea, un boceto, un diseño. Con los sistemas de programas de diseño de las computadoras se facilita mucho la tarea, ya que en el momento se pueden evaluar las ideas y hacer las modificaciones pertinentes.

Necesitará ver, observar, elegir colores, texturas, gramajes, tipografía, troquelados, toda la información que necesite transmitir, fecha y límite de entrega de originales a la imprenta. Para esto el diseñador nos hará bocetos previos, le pediremos todo el material de trabajos anteriores, con lo que consideraremos si es lo que nosotros deseamos, si interpreta nuestro deseo o nuestra idea y da la imagen adecuada.

DESPACHANTE DE ADUANA

Cuando se trae de mercadería del exterior para una exposición, que requiere una serie de trámites, permisos, despachos de aduana, el principal problema que se presenta es que hay que manejar los tiempos al milímetro. No es lo mismo la mercadería para un negocio o una empresa, que para una feria y que llega sobre el momento del inicio de la muestra. (Véase "Logística" en página 105.)

Necesitará tener toda la documentación requerida por las autoridades, datos e información detallada. Deberá verificarse el permiso de despacho y establecer un contrato donde conste los pagos y derechos que deben efectuarse para no tener sorpresas con algún elemento no evaluado o por falta de conocimiento de los permisos y las disposiciones aduaneras.

DIRECTOR TÉCNICO

En las exposiciones, el director técnico es el nexo entre los expositores y los responsables de la sede durante el armado de los stands, el que atiende las necesidades de cada área. Generalmente pertenece a la organización. Verifica que todo sea puesto en marcha en momento y lugar.

ESCENÓGRAFO

Es el encargado de la decoración y ambientación, de crear un ámbito que no existe o recrear sobre lo que ya está; podrá representar un cielo con dos pinceladas, iluminación especial o con metros de gasa o tul.

Lo importante a tener en cuenta es que puede redecorar o ambientar y aprovechar la planta de una fábrica o la sede de una empresa; podrá utilizar elementos en desuso o en depósito. Esto tiene el beneficio de ahorrar en el alquiler de otro ámbito así como de dar a conocer la propia sede. Podrá además diseñar la invitación, el programa, o indicar la decoración de la mesa o los jardines.

A veces armará la escenografía directamente en el lugar, otras traerá elementos prearmados, pero igualmente necesitará espacio y ponerse en contacto con el arquitecto, carpinteros y electricistas.

ELECTRICISTA

En una exposición se encargará de proveer la línea de electricidad, de instalar lo que lleve cada stand. En congresos armará las cabinas de interpretación; a veces los tomacorrientes no están ubicados donde los necesitamos para micrófonos y parlantes, por lo que se deben hacer extensiones a las preexistentes.

Necesitará escaleras, por ejemplo, algo que a veces no se tiene en cuenta, planos del lugar, saber dónde están las llaves de paso, el panel de electricidad. Evaluará la capacidad energética y la necesidad de refuerzos de energía. Trabajará en relación con el escenógrafo, arquitecto, disc-jockey, y todas las personas relacionadas con esta área. En eventos al aire libre tendrá especial cuidado con la seguridad de los artefactos y su instalación.

En carpas instalará la iluminación, tomas para la climatización o para todo tipo de efectos especiales cuyo equipamiento técnico necesite de energía eléctrica.

ILUMINADOR

Para una exposición indicará la iluminación adecuada (básica) en cada stand, en pasillos de circulación y accesos.

Para un desfile de moda creará climas y efectos y diferentes tipos de iluminación; en un congreso tendrá en cuenta los momentos en que la sala debe estar a plena luz o en semipenumbra porque se proyectarán transparencias o videos pero a la vez es necesario escribir, tomar nota.

Tendrá en cuenta si se debe iluminar a una sola persona, a varias, girar la iluminación hacia el público; las variables son infinitas, y en todo tipo de reunión la luz y la sombra juegan un papel preponderante, marcan momentos, valorizan, llaman la atención, delimitan espacios, integran o separan.

INTENDENTE

Es la persona que centraliza los aspectos técnicos de una exposición durante el transcurso de la misma, para que todo se desarrolle normalmente, atendiendo las necesidades de los diferentes servicios, para asesorar y solucionar los problemas del expositor.

Deberá tener el listado de los participantes, características de cada expositor y tipo de mercadería a exhibir.

INTÉRPRETE

En conferencias, congresos, seminarios, hace la traducción, en algunos casos desde una cabina, cuando se utilizan equipos y micrófonos de interpretación simultánea. En otras ocasiones, en forma directa ubicándose al lado de la persona a la que asiste. Cuando el evento dura más de una hora, como en el caso de los congresos y seminarios, es conveniente siempre que sean dos personas, además así lo exige la Asociación de Intérpretes, dado que tienen que descansar cada media hora. De ser posible, habría que alternar hombre y mujer para que no resulte monótona una sola voz. Es conveniente que conozca el texto anticipadamente, sobre todo cuando es muy técnico o específico, o médico, en los casos en que hay palabras complejas que no son de uso corriente.

Recuerdo una muestra de pintura de un artista italiano en un ámbito reducido, que al hacerse la traducción simultánea se notaba que no era correcta y los mismos italianos del público a veces corregían al intérprete o se reían.

Problema: No había asistido la intérprete contratada por lo que pidieron a una persona amiga que cumpliera esa función. De eso nos enteramos posteriormente, mientras hablaban era una incomodidad.

Sugerencia: Si lo hubieran comentado, si se informaba que lamentaban la inasistencia de la intérprete pero que alguien se había ofrecido de buena voluntad a suplirla, toda la mala predisposición del público ante quien se suponía era un profesional al que se le exige que actúe como tal se hubiera revertido, agradeciendo y disculpando cualquier equivocación que se cometiera.

En otra conferencia el intérprete y el disertante discutían constantemente porque éste no estaba conforme con la traducción. Esto no debe ocurrir nunca; el intérprete debe tomar conciencia de que está trabajando y debe transmitir fielmente lo que el otro dice. En otra oportunidad en una conferencia la intérprete, sentada en el podio al lado del disertante, lucía una hermosa capelina. Estaba trabajando, no era una invitada más, por lo cual se debe guardar siempre la noción del rol o función que se cumple y actuar en consecuencia. El organizador debiera haberle exigido que se la quitara o haber pautado previamente la vestimenta.

Si se ha contratado al intérprete a través de una agencia de intérpretes así como el hecho de que pertenezca a la asociación que los nuclea será suficiente garantía de su profesionalismo; no obstante, como en otras situaciones, es mejor conocerlo antes.

LOCUTOR

Es la persona que anuncia el inicio, el fin y comenta lo que va sucediendo, introduce a los disertantes o a las personas invitadas, autoridades, etc. Nombra a los graduados o a los premiados, al jurado, agradece. Será indispensable que tenga el texto escrito en forma clara y precisa, conocer el programa, los horarios de inicio y finalización, dentro de lo posible con la máxima antelación. También deberá conocer el tipo de público que asistirá, el estilo de la reunión, el tiempo de que dispondrá, si debe alargarlo o apurarse, el tipo de micrófono; a veces puede solicitar un atril para colocar el texto, puede que necesite luz si lo lee, y tendrá que ponerse de acuerdo con el disc-jockey en el caso de los desfiles de moda y también con la persona encargada del desfile, quien le indicará el momento de la salida de los modelos y si debe decir algunas palabras al respecto, a quiénes debe agradecer o nombrar o invitar a pasar al escenario.

Es muy importante conocerlo previamente ya que en un aspecto es la cara visible del evento. De acuerdo con el espíritu de la reunión, se le indicará en forma precisa si se hacen bromas, de qué nivel son chistes, para que todo sea acorde, el tipo de vestimenta, el estilo, las frases, las ocurrencias, los tiempos estipulados, o si tiene que respetar lo pautado o puede modificar algo a su criterio.

Problemas: Puede que por alguna causa imprevista el locutor llegue tarde o no asista al evento y usted en esa circunstancia y con el nerviosismo de la situación es probable que se quede sin palabras.

Sugerencias: Tenga preparadas las palabras correspondientes para ese imprevisto. Si siente temor (normal) de enfrentar al público, hable desde adentro, comience hablando desde donde no se lo vea, en *off*. (Véase "La palabra", capítulo 5.)

MODELO O MANNEQUIN

Ya sabemos que es la persona que muestra la ropa. Debe conocer el espíritu del desfile, si es clásico, si es para profesionales o público en general, si es un desfile show con espectáculo, el tipo de prenda que pasará, con quiénes participará. El tiempo y la programación varían de acuerdo con el mismo.

Estará guiado por el coreógrafo, quien le indicará las figuras que debe realizar y cómo se deben mostrar las prendas. Los problemas que se presenten pueden deberse a que las prendas no sean de su talle, pero una profesional sabrá solucionarlo acomodando la ropa de tal manera que no se note. Ante la inasistencia de alguna otra modelo, podrá manejar los tiempos alargando o acortando las pasadas, debe tener recursos a su alcance, fruto de la experiencia ante un imprevisto, como tacos que se rompen, botones rebeldes, ante los cuales encontrará la forma de salir airosa.

Necesitará un lugar para el cambio de prendas, espejo, perchas, mesas para apoyar accesorios, espacio e iluminación para el maquillaje, así como algún refrigerio. Seguramente necesitará ensayar, por lo que se pondrá en contacto con el director del desfile, el disc-jockey e iluminador.

MAQUILLADOR

¿Por qué? Sobre todo en los desfiles de moda, espectáculos y en los casamientos o fiestas se requiere la participación de este profesional. Puede ser para hacer un maquillaje social, como se denomina al natural que se utiliza para calle o fiestas, o maquillaje teatral, con efectos, sea para las recepcionistas como para las personas que participan, un mimo, un juglar o un actor. Un maquillaje especial para mozos y camareras da un toque de originalidad.

Necesitará un espacio, buena iluminación, acceso a un lavatorio, espejo, mesas de apoyo, sillas y tiempo.

MODISTA

En los desfiles de moda es necesaria su presencia pues deberá controlar que todas las prendas estén terminadas, que no se descosa un ruedo o un botón, acortar un bretel y muchas veces algunas puntadas para las prendas se adapten al cuerpo de la modelo.

Necesitará una mesa de apoyo, percheros, perchas, espejo, buena iluminación, elementos de costura —que si bien ella misma los tendrá nunca estarán de más— y sillas.

MÚSICOS

Al programar la música para un evento habrá que determinar si es para fondo musical o si es un show, espectáculo, o para bailar, así como en qué momento se desea su participación.

Al contratar un conjunto musical, una orquesta o solista, debemos conocerlos, saber cuáles son sus requerimientos técnicos, potencia del sonido, alcance de los parlantes, iluminación, indicar el tiempo de que disponen, la cantidad de piezas a ejecutar y el tipo de canciones.

Problemas: Me comentaron de una reunión en la que se había contratado una soprano para amenizar la reunión y cantó tantos temas que el público comenzó a retirarse y se desvirtuó la calidad del evento.

En otra oportunidad los músicos debían leer la partitura, tenían los atriles colocados a su lado, pero por un desperfecto las luces no funcionaban por lo que comenzaron unos con una linterna, otros descorriendo una cortina que daba a una habitación iluminada, hasta que finalmente tuvieron que suspender la función, reparar el problema y recomenzar, lo cual quebró totalmente el espíritu del evento.

Sugerencias: Paute anticipadamente el tipo de canción y la cantidad, incluso el bis (repetición de algún tema). Verifique la necesidad de iluminación individual. Provea a cada atril de pequeñas lamparitas con pilas, o linternas que son muy prácticas. Muchas veces los músicos necesitan cambiarse en el mismo lugar, sea para ponerse un smoking clásico o un traje fantasía; en ambos casos necesitarán vestuarios o camarines, lugar para acomodar los instrumentos, espacio adecuado a la cantidad de músicos, atriles, micrófonos y parlantes. Necesitarán ensayar en el lugar, prevea el tiempo necesario.

En una de las ceremonias de graduación de la carrera de Organización de Eventos contamos con la participación de la banda de la Policía Federal, integrada por los cadetes. Había que ir a buscarlos a una localidad del Gran Buenos Aires, pero como eran los que ejecutaban el himno, no se podía iniciar el acto sin ellos, por lo que, por las dudas, tuvimos a mano el equipo de sonido y un CD con el Himno Nacional. Felizmente, llegaron con la debida anticipación y fue un placer escucharlos y cantar nuestro Himno acompañados con esa banda.

PLANCHADOR

Es muy probable que deba repasar las prendas del desfile, que con el traslado se hayan deteriorado. A veces también deberá planchar manteles o cortinas que se colocan en el momento.

Necesitará planchas, tablas de planchar, perchas, perchero, espejo, telas para envolver las prendas para que no se ensucien y elementos de costura.

Para las comidas conviene planchar los manteles directamente sobre la mesa, con un moletón o paño debajo, para así poder quitarles el doblez. Para cortinados, existen las planchas al vapor que no requieren apoyo.

Nunca está de más para repasar desde un papel hasta unas cintas o lazos de un moño.

PEINADOR

Principalmente para desfiles de moda o espectáculos, el peinador va al lugar en que se desarrolla el evento para peinar *in situ*. Puede que se desee peinar de una determinada manera a las recepcionistas o personal afectado al evento, ya sea con formas y fantasías, o por el contrario que se desee uniformidad. Recuerdo la presentación de un automóvil donde más de cincuenta recepcionistas, vestidas con smoking y peinadas todas iguales con el cabello recogido, impactaban por su semejanza. En una presentación de Marta Minujin, las señoritas estaban peinadas como ella, con pelucas de diferentes colores; por supuesto, esto agrega un detalle de originalidad.

También como entretenimiento en reuniones sociales, hemos hecho concursos de peinado con dos *coiffeurs*, durante una fiesta. Ellos estaban encantados porque se les hacía publicidad y los participantes, entretenidos y divertidos, pues luego se premiaba la originalidad, o la altura de los peinados y la combinación de accesorios, la sobriedad o extravagancia, etcétera.

Necesitarán espejos, buena iluminación, un sillón cómodo, agua a mano, enchufes, tomacorrientes, alargues, adaptadores y tiempo... mucho tiempo.

VALET PARKING

Este servicio se ofrece cada vez con mayor frecuencia, sea en salones de fiesta, en hoteles o restaurantes, ya que la comodidad es necesaria y a veces no se puede estacionar en la misma entrada; en *countries,* casas de campo y estancias, esto es indispensable.

Problema: Hace poco concurrí a una fiesta en un country. Era a la noche, después de un día de intensa lluvia; los automóviles estaban estacionados a dos cuadras de distancia de la casa en la que se realizaba la reunión. En medio de las piedras y el barro, los invitados —las mujeres vestidas de largo— tuvimos que ingresar caminando, salvo los que habían sido llevados por un chofer.

Sugerencias: Ofreciendo este servicio, con paneles para las llaves, identificación de los automóviles y sus propietarios, se pueden estacionar los coches y luego buscarlos y esperar a la persona con el auto lo más cerca posible de la entrada del evento. Un paraguas, uniforme para que se lo distinga —con mayor razón si es de noche—, si está al aire libre con una linterna, carteles indicadores o números de identificación de los automóviles.

VESTUARISTA

En un desfile de modas o espectáculo ayudará a las maniquís a cambiarse. Dado que hay que mantener un ritmo que a veces es difícil de sostener, es indispensable la persona que prenda y desprenda la ropa, que ayude a abrochar, ajuste un botón o cierre una cremallera. En ocasiones hay que colocar un sombrero a tiempo o un adorno complicado.

Necesitará espacio para acomodar las prendas marcadas con nombre y orden de salida en un perchero, mesa para los accesorios, buena iluminación, el cronograma y la programación. Si no se cuenta con la colaboración de una modista para pequeños ajustes, el vestuarista podrá ocuparse de esa necesidad.

De ser posible es conveniente instalar un circuito cerrado de televisión donde se pueda ir siguiendo el ritmo del desfile que será de gran ayuda para evaluar los tiempos, el entusiasmo del público y también apropiado, por supuesto, para las modelos.

TÉCNICO EN SONIDO

Es indispensable para controlar y cuidar el sonido, colocar correctamente los micrófonos, parlantes, pantallas de video, consolas y equipos de música, para una óptima sonorización del evento. Necesitará conocer bien el programa sincronizado con el disc-jockey, el equipamiento técnico necesario, los tomacorrientes y la capacidad energética.

Cuando organizaba desfiles de moda con doscientos cincuenta participantes (desfilando) el murmullo que hacía tal cantidad de personas durante todo el tiempo y preparación del desfile, era realmente molesto y llegaba al público. Por más que se solicitara *silencio*, entre el cansancio, los nervios y la emoción, no era posible lograrlo. Finalmente encontramos una solución: el técnico colocó parlantes en el salón donde se vestían las modelos, de manera que el mismo sonido que recibían los espectadores les llegaba a ellas. Así también podían seguir la programación y el anuncio de cada casa de modas. Este hecho tan simple nos solucionó un problema que afectaba la excelencia del evento.

CAPÍTULO II

Otros recursos y funciones

RECURSOS DE LOGÍSTICA
Elementos e ideas que ayudan a la concreción del proyecto

a) Adornos florales y plantas

Las plantas y adornos florales ambientan, decoran, separan y crean diferentes ámbitos.

En un almuerzo que se ofreció a Lady Diana, en París se buscó recrear de alguna manera el sur de Francia, la Provence, cuna de los impresionistas. Entonces, desde el color de los manteles, los almohadones de las sillas, los platos hechos para ese fin, el centro de mesa, todo era de acuerdo con ese estilo, pero para resaltar aún más el ámbito, instalaron pequeños arbustos, típicos de esa región, y como lo representativo del lugar es la cigarra... pusieron unos cuantos de estos insectos que lógicamente cantaron durante la recepción.

En Mónaco se celebra anualmente el Baile de la Rosa, para juntar fondos para la Cruz Roja. Este acontecimiento social, creado por Grace Kelly, continuó bajo la presidencia de sus hijas. En uno de esos banquetes, esparcieron pétalos de rosa (sin perfume) sobre la mesa.

También es un recurso clásico, y queda hermoso, pétalos sobre la alfombra roja por donde va a transitar la quinceañera, la novia o una persona a la que se desea agasajar.

Problemas: Las flores se marchitan, se entristecen, se deterioran, se secan o por el contrario si se las riega demasiado se inundan, se caen los pétalos y las hojas, ya que a veces las condiciones climáticas no son las ideales y las plantas sufren por los cambios de temperatura. Si son flores o plantas deshidratadas o artificiales hay que tener en cuenta que atraen el polvo y se ensucian fácilmente, el público las estropea al caminar por encima de ellas o simplemente se caen al suelo o porque se apoyan sobre las macetas y canteros distintos elementos.

Soluciones: Se pueden alquilar en casas especializadas. En caso de eventos que duran varios días, la misma casa se ocupa de cuidarlas, reponerlas o cambiarlas.

Para decoración como centro de mesa no se deben poner plantas o flores con aroma, ni que pierdan las hojas fácilmente. Lo mismo sucede si se decora con arreglos florales el salón donde se servirá la comida; deberá cuidarse que no tengan perfume.

Para que no se estropeen rápidamente manténgalas al frío, en heladeras o recipientes con hielo hasta el momento en que deba utilizarlas.

Si obsequia a personalidades, tenga siempre un ramo de más o el teléfono de la florería más próxima, nunca se sabe si la persona que avisó no iba a asistir a último momento decide hacerlo.

En nuestro país no acostumbramos obsequiar a los hombres, pensamos que es privilegio de las damas, pero es un gesto muy agradable, común en otros sitios.

Los collares de flores, reminiscencia de las islas caribeñas, predispone muy bien al invitado y con música adecuada y ambientación logra una fiesta diferente.

Las flores que flotan colocadas en recipientes bajos o en una piscina también contribuirán a lograr ese encanto.

b) Baños químicos

En lugares aislados, espacios al aire libre o en una calle donde por ejemplo se realizará un evento al que asistirá gran cantidad de personas, deberá pensarse en la instalación de más sanitarios. Podrá alquilar esas unidades, que son sumamente prácticas y resuelven este problema. El servicio se utiliza cada vez más porque es la solución adecuada.

Problemas: Se ensucian por el normal uso, a veces pueden trabarse las cerraduras, no tienen agua y cuando no se los desinfecta permanentemente despiden mal olor.

Sugerencias: En lugares sin instalaciones sanitarias deberá tenerse en cuenta la provisión del agua. Se alquila y la transportan en un camión cisterna. Contrate personal de limpieza y mantenimiento. Pida doble juego de llaves al momento de la entrega de las cabinas. Ubíquelos en lugares accesibles para el público pero no muy a la vista, de manera que no resulte tan evidente su uso y moleste por razones obvias.

c) Carpas por necesidad de mayor espacio o por razones climáticas

Las carpas ofrecen la posibilidad de realizar eventos al aire libre sin depender del clima y de ampliar el espacio con el que se cuenta. Se alfombran, entoldan y climatizan y decoran a gusto, con todo tipo de formas y estilos. Pueden armarse cocinas, baños, guardarropas, salón para el banquete o un ámbito para el baile y lugares de recepción.

Sugerencia: Alquile a empresas de profesionales, calcule el tiempo de armado y desarme, la ubicación de tomacorrientes, el lugar adecuado para instalar cocinas, sanitarios, etc. Tenga en cuenta que una carpa ubicada cerca del mar sufre mayor deterioro que una en la ciudad o en clima seco.

d) Catering

El servicio gastronómico cumple un rol importante en cualquier reunión. Véase "La comida", en capítulo 7.

e) Correo electrónico

El uso de la tecnología ayuda a comunicarse con mayor rapidez, lo que nos permite relacionarnos con más personas en menos tiempo del habitual y a menor costo.

Si bien es algo impersonal, para un primer contacto es valiosísimo y ofrece muchas ventajas.

Sugerencias: Imprima la correspondencia para tener documentada esa información.

f) Cotillón

El uso del cotillón se ha extendido a las reuniones sociales, casamientos, fiestas de quince y cumpleaños; en determinado momento ayudan a crear un clima festivo, a romper estructuras e integrar rápidamente.

La ubicación del cotillón y su distribución merecen nuestra atención.

Problemas: En algunos lugares no permiten el uso de papel picado y serpentinas porque ensucian; con cualquier líquido que se haya volcado en el piso se forma una especie de pasta que es difícil de limpiar, e imposible sobre pisos alfombrados. Por supuesto, sombreros, matracas, instrumentos de plástico, antifaces y adornos son muy bien recibidos. A veces se los entrega en las mismas bolsas en que vino del negocio, lo que no da un aspecto muy agradable.

Sugerencias: Puede entregarlo en bolsas de papel de colores, en bandejas decoradas con tul, volados de puntilla de naylon, canastas con cintas y globos.

La distribución generalmente la hacen las camareras y mozos, los mismos anfitriones y los amigos. También puede estar escondido en una piñata. Podrán apagarse las luces, iluminar a un mimo que entre con un carrito (se puede decorar muy bien uno de los que se usan en los supermercados), marcar con una música diferente o especial esta entrada, o con fuegos artificiales de interior y la participación de juglares o lanzallamas.

Si bien no es cotillón como recurso aplicable, para la comunión de mi hija pusimos sobre la torta una jaulita pequeñita, decorada con cintas amarillas y blancas e iluminada con lamparitas de linterna, y adentro dos palomitas. Cuando abrimos la puerta de la jaulita, las palomas volaron causando el asombro y encanto de todos los presentes.

g) Diplomas, trofeos, medallas, coronas, bandas

La entrega se hace en la mayoría de los casos en actos protocolares. Es indispensable calcular los tiempos necesarios para su desarrollo, ya que desde que se nombra al premiado o diplomado —según el espacio que tenga la sala para acercarse a la tarima, podio o escenario— hasta que éste llega a retirar el emblema pueden pasar varios minutos. Eso multiplicado por determinada cantidad de personas, puede resultar tedioso y monótono, quitándole brillo a la reunión.

Problemas más frecuentes:

a) Faltan diplomas, premios o medallas.
b) Inasistencia del nombrado.
c) Inasistencia del que debe otorgar las condecoraciones.
d) Al colocar la corona en un concurso de belleza a la ganadora, la mayoría de las veces no se lo hace adecuadamente y se cae.
e) Se coloca la banda al revés.

Sugerencias:

a) Tenga diplomas en blanco; una vez finalizado el acto podrá completarlos. A veces puede disimular la falta de un premio entregando algo simbólico, aunque más no sea un sobre en blanco, donde se supone que está el testimonio de dicho premio.

b) Otro aspecto a tener en cuenta cuando se nombra a las personas para que pasen a retirar un premio, una medalla, al igual que cuando se efectúa la entrega de diplomas, es que no estén presentes. La situación es sumamente desairada salvo en los casos en que haya enviado a una persona en su representación. Chequee el nombre de los que recibirán premios; si antes de comenzar el acto alguien no llegó, no ponga su nombre en el listado o elimínelo del mismo. Siempre es más fácil, y queda mejor, llamar a quienes llegaron tarde al final del acto, en el último de los casos, si es que no molesta al normal desenvolvimiento del evento.
En caso de que se haya enviado un representante, deberá informar que no se trata de la persona nombrada y se dirá el nombre y apellido del que viene en su nombre.

c) Asegúrese de la presencia de la persona que debe entregarlo, ya que si no está presente podrá sustituirla a tiempo. Al respecto, recuerdo una anécdota de España. Cuentan en uno de sus libros de protocolo que cuando realizan el acto de entrega de condecoraciones a personalidades destacadas, en el caso de que éstas sean bordadas obligan a la casa que los realiza a permanecer abierta, con personal a su disposición, por si hubiera algún contratiempo.

d) Coloque clips y hebillas invisibles en una corona, de manera que sea sencillo sujetarla bien. Si la persona que la coloca es un personaje importante o una autoridad, alguien de la organización del evento deberá estar atento, con clips en la mano, para ayudar.

e) Entregue la banda a la persona que la va a colocar en la mano que corresponda para que la mantenga sujeta de esa forma; así no podrá equivocarse.

No olvide comunicar al locutor cualquier cambio en el orden de los procedimientos y la lista de homenajeados.

h) Medallas

A veces se entregan medallas recordatorias o como una distinción por algún hecho. Es necesario colocarlas sobre una bandeja, una pana, dentro de una caja abierta, y tenerlas bien separadas por nombre y orden de entrega.

Problema: Al igual que en el ítem anterior puede ser que falte alguna.

Sugerencias: Podrá hacer un acto simbólico, entregando un sobre o una caja vacía; no es lo adecuado pero sirve para esa situación. Deberá informarle a quien se la entrega, para que no abra la caja y la muestre al público, que es lo que correspondería. Podrá pasar como una distracción del que la recibe.

Verifique los nombres, si es que se han grabado; controle el orden en que van a ser entregadas, la persona que tendrá a su cargo ese honor, y sobre todo verifique antes de comenzar el acto si está presente y si se hará cargo de recibirlo.

Si se van a colocar pasándola por la cabeza habrá que tener la precaución de que la cinta tenga un tamaño mínimo de una circunferencia de 90 centímetros a un metro. Puede utilizar cinta argentina, o un cordón del color adecuado.

Si se prenden en la solapa, tenga la precaución de tener los ganchos del alfiler o broche abiertos, preparados; así se evitará el tener que luchar en el momento con un alfiler o alambre rebelde.

Informe inmediatamente al locutor de cualquier cambio.

i) Gráfica

Todo evento comienza con alguna invitación que se escribe, el proyecto, la idea, el presupuesto, el diseño de un logo que luego se imprimirá.

Todo esto juega un importante rol, nos comunica, nos transmite ideas, sensaciones. Deberán cuidarse el diseño, la calidad del papel, el merchandising, la publicidad. El impreso y todo el material gráfico dan la imagen de la empresa, el nivel de la fiesta o el cariz de la misma; nos estará indicando si es formal o informal, cómo es esa reunión. Todo deberá ser acorde.

Problemas: Errores de ortografía, nombres o apellidos mal escritos o direcciones erróneas, etc. Los imprevistos y problemas que se presentan son innumerables, desde el color que puede no ser el mismo que se había elegido hasta los errores ortográficos antes mencionados, o que no está plegado o llega a destiempo.

En una oportunidad tenía bajo mi responsabilidad el *houseorgan* de una institución. Por distintas razones decidimos cambiar de imprenta. Todo iba muy bien, las pruebas, la fecha de entrega, pero el día que fui a retirarlas para inmediatamente repartirlas, grande fue mi sorpresa al ver que todo estaba muy bien solo que... no estaban plegadas. Era imposible plegar cinco mil ejemplares en ese momento. Al encargarlas no había tenido en cuenta que debían entregarlas así, lo que para mí era obvio, pues acompañaba el pedido con una muestra para ellos. Era otro paso que no habíamos pautado.

Sugerencias: Es necesario revisar varias veces el texto, pero hágalo controlar por dos o tres personas, porque después de leer varias veces llega un momento en el que se lee pero no se ve; mucho más cuando uno conoce el texto. Fije una fecha de entrega por lo menos con cuarenta y ocho horas de anticipación, y especifique todo lo que pueda aclarar. Es preferible que sobren o se reiteren las indicaciones. Necesitará básicamente:

PARA CONGRESOS
Carpetas de prensa
Carteles de estrado
Cartas de difusión
Cartas de invitación
Credenciales
Diplomas a los participantes
Diplomas a los disertantes
Fichas de inscripción
Hojas de ruta
Programa preliminar
Señalización

PARA UNA EXPOSICIÓN
Carpetas de prensa
Catálogos
Credenciales
Diplomas de participación
Folleto informativo
Ficha de inscripción
Planos de ubicación
Reglamento
Señalización

PARA REUNIONES SOCIALES
Invitaciones
Menú
Plano, si el lugar es alejado
Programa
Tarjeta para los souvenir

PARA UN CONCURSO
Diplomas
Folleto con las bases
Fichas de inscripción
Fichas para el jurado
Reglamento

j) Hospedaje, transporte, turismo

Cuando vienen personas del interior o del exterior hay que pensar en el alojamiento, el traslado y alguna actividad para el tiempo libre o para sus acompañantes, sea de índole cultural o turística. Deberá reservarse con la debida anticipación de acuerdo con los requerimientos la habitación: *single*, doble, especial. Conviene un alojamiento cercano al lugar donde se desarrolla el evento o en la misma sede. Principalmente en lo que refiere a los congresos. A veces es el lugar donde se realizan las reuniones sociales del mismo congreso. En las fichas de inscripción o en los folletos informativos se ofrecen hoteles de distintas categorías y ubicación, valores y características.

Problemas:

- Inscripciones y pedidos de inscripción de último momento, cuando ya no se tiene lugar reservado.
- Arribos o partidas atrasadas o con fechas diferentes.
- Cambio de empresas de transporte.

Sugerencias:

- Si trabaja en forma independiente, es conveniente tener siempre hoteles alternativos, en caso de que vengan más personas que la esperadas, o fuera del tiempo previsto. Reserve una mayor cantidad de habitaciones pero verifique la fecha tope en la que debe concretar, si no corre el riesgo de que le cobren igual, pues bloquearon para usted el cuarto con la consiguiente pérdida económica si no se ocupa.
- Verifique siempre las fechas y horarios de arribos y partidas veinticuatro horas antes, y el mismo día.
- Verifique las empresas de transporte. Contrate los servicios de agencias de viaje, ellos tienen convenios con hoteles y listados de opciones.

k) Internet

Es una herramienta de la que ya no podemos prescindir, para relacionarnos, informarnos, comunicarnos, comprar, actualizarnos.

Podemos conocer las ferias y exposiciones, congresos y todo tipo de eventos del mundo entero, fechas, temáticas, estadísticas.

Tenemos también acceso a bases de datos, a proveedores, pero antes de comprometerse, verifique, compruebe: una página web se puede hacer con mucho profesionalismo pero la realidad a veces es otra.

l) Limpieza

Para cualquier tipo de evento deberá tenerse en cuenta la limpieza, previa, durante y posterior al evento. Lo mismo ocurre con los residuos, la salida de los mismos y el lugar de depósito.

Problemas: No se tiene en cuenta la limpieza, el depósito de residuos, el personal y el horario de trabajo, el uniforme y los elementos necesarios.

Sugerencias: En los predios feriales generalmente tienen contratadas sus propias empresas que se ocupan del mantenimiento de los espacios públicos y con las que se puede contar para la limpieza de los stands de las exposiciones.

Recuerdo una situación que pongo de ejemplo cuando hacemos ejercicios de técnicas creativas empresariales. Es la *técnica de lo inverso*, es decir, en nuestro caso, pensar el evento de atrás para adelante.

En ocasión de la entrega del Oscar que se transmitió desde el Teatro Colón, con la presencia de Norma Aleandro y Charlton Heston, se ofreció una comida en el Salón Dorado, a las dos o tres de la mañana. Me acerqué al lugar y grande fue mi sorpresa y la impresión que me causó ver por el piso corchos de champán, servilletas sucias, copas apoyadas en las hermosas mesas. ¿Será que no pensaron los organizadores que debían limpiar, recoger todo?

Empleando esta técnica posiblemente nos daremos cuenta de algunas situaciones como la mencionada que no contemplamos al organizar un evento.

m) Recaudadora de caudales

En exposiciones donde hay mucho movimiento de dinero se hace indispensable contratar una empresa que periódicamente se ocupe del traslado del dinero al banco.

n) Seguridad

La seguridad es indispensable, desde todo punto de vista:

De las personas
De los bienes
De los participantes
Del personal
De los invitados

Del uso de pirotecnia
De estructuras
De escenarios improvisados
De vestuarios y camarines
De vallado
De la instalación eléctrica
De trabajos en altura

Problemas: Es difícil evaluar los alcances de la responsabilidad civil en algunas ocasiones, cuando la misma pasa del propietario al locador, del locador al organizador.

Sugerencias: Contrate personal especializado en cada área, asegure al personal y a los participantes; todo control que se haga sobre la estructura, las instalaciones eléctricas, será indispensable para el cuidado de bienes y personas.

En ocasión de hacer la presentación en la Argentina de una línea de moda francesa, se organizó un desfile. Para lograr mayor convocatoria y otros objetivos se realizó a beneficio de una entidad. Dada la jerarquía del evento las entradas eran de considerable valor, y el atractivo principal eran, además de la ropa, alhajas por un monto cercano al millón de dólares. El día del desfile, el organizador informa que las joyas no podrían trasladarse por un problema con la empresa aseguradora, pero que el desfile se realizaba igual, destacando la importancia de las modelos francesas y la ropa.

Horas antes del comienzo el organizador informó que las modelos francesas no llegarían a tiempo por cuestiones de los vuelos. Se contrataron otras modelos argentinas y alumnas de una escuela de mannequins.

Llegado el momento, el público (mil personas) esperaba el inicio. Y aquí comienza nuevamente el traspaso de irresponsabilidades: el hotel alquiló el salón, la entidad benéfica cumplió con su tarea de venta de entradas, el organizador insistía en comenzar el acto dando a conocer los cambios y minimizando la cuestión. Siempre recuerdo al presidente de la entidad, al que convencieron de que hablara e informara al público. De más está decir que el abucheo fue generalizado y la desconfianza se propagó para otros eventos, al igual que el bochorno. Si bien luego el organizador publicó una solicitada, el daño, el mal momento y la estafa (¿imprevistos?) ya estaban hechos.

o) Souvenirs

¿Dónde ubicarlos, en qué momento se deben entregar, cómo deben ser, a quiénes corresponde entregárselos y a quiénes no?

Hay varias maneras de exhibir y ubicar los obsequios. A veces se colocan en una canasta, en bases preparadas especialmente; por ejemplo, con formas de cisne para una boda o en carruajes, capelinas, fuentes. Todo vale y dependerá del gusto y el estilo de cada organizador o del cliente.

Problema: Más cantidad de gente que la esperada.

Sugerencias: Para que no falten *souvenirs*, tenga siempre algunos de más. Si la cantidad es insuficiente en extremo, envíelos luego a domicilio.

No haga distinciones, es muy desagradable. A veces se hace una diferencia entre un invitado y otro, por ejemplo, los agentes de prensa.

p) Telefonía celular

Si bien es un aliado indispensable, que nos mantiene en contacto con el área que necesitemos, y no concebimos un evento sin la posibilidad de comunicarnos permanentemente, presenta un grave problema conocido y sufrido por todos. Algunas empresas de telefonía móvil ofrecen equipos a cambio de promoción, de publicidad. Es conveniente aprovecharlo, ya que también podemos brindar un servicio más al participante.

Problemas: Principalmente su uso indebido, sea durante un espectáculo, una sesión, una conferencia. Resulta desagradable y una falta de respeto porque además del ruido que provoca, distrae.

Sugerencia: Pedir que se desactiven siempre antes de comenzar cualquier acto. En caso de que alguna persona por razones imperiosas deba continuar con el teléfono activo, deberá pedirse que se siente al lado de la salida de manera de poder retirarse inmediatamente ante un llamado. Otra alternativa es informar a las asistentes que alguien recibirá una llamada y dejar el teléfono fuera del recinto.

q) Transportadoras

Cuando decimos transportadora oficial, por ejemplo para un congreso, es la que hace el convenio con la empresa organizadora y ofrece precios especiales, o vuelos chárter especialmente preparados.

Realmente resulta conveniente, pues los descuentos son muy importantes y además, porque al llegar una cantidad de personas juntas, alivia al organizador de tener muchos horarios de arribo y partida.

r) Traslado

Las empresas de traslado se ocupan de las personas que deben ir del hotel al predio, o a excursiones o a reuniones en otros lugares. Al igual que el chofer de autos particulares o remises puestos al servicio del evento, habrá que tomar los recaudos necesarios para que las unidades sean modernas y convenientemente equipadas.

s) Uniformes, vestimenta

La vestimenta también da la imagen de la empresa a través de la persona, de acuerdo con el área y la función que cumple. A veces podemos tener varias prendas que se adapten a distintos físicos y circunstancias.

Se deberán probar con la debida anticipación, principalmente cuando las prendas deban ajustarse a cada persona.

En caso de remeras y blusas, generalmente son personales y deberá proveerse a cada persona de no menos de dos prendas; no olvidemos que un congreso y una exposición duran varios días y no se puede pretender que las mantengan impecables.

Problemas: Las prendas se transpiran y, sobre todo las de color claro, se ensucian, se arrugan.

Sugerencias:

- Utilizar telas de calidad ya que las económicas se deforman, no tienen buena caída y en definitiva a veces no duran ni el primer evento.
- Elegir modelos que se adapten a varios talles.
- Tener prendas de repuesto, modelos clásicos como blusas o remeras blancas y polleras oscuras, que con una faja de color, o un distintivo de la empresa, podrán solucionar un imprevisto.

t) Vajilla y mantelería

Toda vajilla y mantelería puede alquilarse. Ya sea porque no es suficiente por la cantidad de personas que asistirá al evento o por el deseo de ofrecer algo diferente.

Problemas: Los manteles se ensucian, la vajilla se rompe. En el caso de exhibiciones, puestas de mesas decoradas, etc., puede ocurrir que alguna persona del público desee llevarse "de recuerdo" alguna de las piezas.

Sugerencias: Llevar una buena cantidad extra de manteles y servilletas. Aunque sean de papel, si son de buena calidad pueden sacarnos del apuro.

Cuando sea para una muestra, conviene adherir el servicio al mantel con hilo de tanza de pescar, o atar la vajilla entre sí.

Improvisado.
Imprevisto

CAPÍTULO III

¿Por qué conviene contratar siempre a un profesional para organizar un evento? Principalmente porque al contratar expertos en cada área tenemos la garantía de que todo esté hecho como corresponde; porque son personas que ya han pasado por situaciones que no estaban previstas, tienen experiencia, y trabajan con proveedores responsables. Su conocimiento y profesionalismo nos dará tranquilidad porque confiaremos en que sabrá resolver con holgada solvencia y responsabilidad cualquier hecho que se presente.

Si bien es imposible pretender conocer todas las situaciones imprevistas, igual podemos dividirlas en áreas y veremos que siempre, en esencia, son las mismas. Serán inherentes a los recursos humanos, la tecnología, el manejo de los tiempos, de las condiciones climáticas o las conductas de los participantes.

Justamente, como dice la palabra pre-ver, ver por anticipado, el profesional ya lo ha visto, ya ha pasado por eso en otras oportunidades; por eso decimos que ya lo ha vivido.

Además, el experto tiene noción del manejo del tiempo asignado, consulta el servicio meteorológico por los cambios climáticos, tiene estadísticas del porcentaje de respuestas aceptando o rechazando una invitación, en qué situaciones habrá que estar preparado para una mayor afluencia de público y en cuáles se corre el riesgo de que sea mínima la respuesta a una convocatoria.

También conoce las reacciones del público, de las personas, el alcance de responsabilidad, los problemas de salud, de incumplimiento, qué puede producir retrasos, equívocos.

Pero ¿qué puede ocurrir? Podríamos hacer un listado de los imprevistos que se pueden prever. Es verdad que a veces una huelga, un paro de transporte o una tormenta pueden modificar cualquier cálculo de éxito, de cantidad estimada de público.

Recuerdo que para la primera *Expoaventura* que se realizó en el año '89 en el ex Club Boca Juniors de la Costanera, la Prefectura había prestado camiones y al día siguiente de la inauguración a las tres de la mañana los retiraron. ¿Qué había sucedido? Nada menos que el levantamiento de Seineldín. Por supuesto, esto es imposible de prever, sobre todo cuando se trata de exposiciones o congresos que se pautan con uno o más años de anticipación, se alquila la sede o contrata un espacio. No es tan fácil pensar desde un levantamiento hasta un tornado en Buenos Aires, como ocurrió el día de la inauguración de América 92 en Puerto Madero. Siendo como en este último caso el factor climático el imponderable, se puede prever con un poco más de exactitud. Igual debemos tener presente que en nuestro país no tenemos un clima que nos permita programar eventos al aire libre.

En la medida que cerquemos los imprevistos, que los clasifiquemos, podremos dominarlos. Siempre quedarán menos contratiempos y a eso es a lo que se aspira. Todo es cuestión de analizar paso por paso las acciones y hacer un listado con alguna posible eventualidad al lado de cada una.

Algo tan común y previsible como que se corra la media de una señora, se soluciona teniendo la precaución de tener a mano varios pares. Todas sabemos lo molesto que es tener una media corrida si uno está expuesta a las miradas, porque debe hablar frente al público o integrar el comité de recepción o simplemente ser alguien representativo de la empresa. Pero lo mismo le puede suceder a la recepcionista que está trabajando en su stand o que tenga que subir al escenario a entregar un ramo de flores.

Veamos entonces algunas de las situaciones que frecuentemente se presentan y cómo salir airosos (o triunfantes) de ellas:

EXPOSICIONES-FERIAS

A veces ocurre que por causas ajenas a la organización uno o varios stands de una exposición quedan vacíos. Puede ser que la mercadería o material promocional no haya salido todavía de la Aduana o que elementos de cualquier índole que vengan del exterior no estén dispuestos. También puede suceder que no haya llegado de otra ciudad o provincia o que una empresa no se presente a último momento por alguna circunstancia o no arribe en el vuelo anunciado. Hay que tener en cuenta que jamás debe quedar un espacio vacío. Cuando esto sucede, el visitante mira desde lejos y no se acerca, pues no encuentra nada que lo atraiga. En ese caso, tenemos expositores disconformes porque no tienen público, y no se cumple el objetivo que lo llevó a participar, habiendo invertido tiempo, dinero, imagen.

Lo principal es buscar alguna solución que invite a recorrer esa área, si no lo más probable es que los expositores de los stands vecinos no tendrán deseos de presentarse nuevamente.

Soluciones:

- Poner material informativo promocional o institucional.
- Ofrecer a los stands vecinos ese espacio.
- Instalar una oficina de informes.
- Iluminarlo y decorarlo con plantas.

CEREMONIA DE GRADUACIÓN, CONGRESOS

En claustros universitarios, los decanos, rectores y cuerpo docente se visten especialmente para ese acto, con toga y birrete. Son tradiciones que se continúan a través del tiempo. Si pensamos que en la actualidad los lores en la Cámara de los Comunes en Londres y los jueces en Estados Unidos se visten especialmente y se colocan hasta una peluca, veremos que también todo corresponde a un ritual de la tradición y contribuye además a jerarquizar el momento.

El acto de graduación de cualquier carrera es el momento culminante de una etapa de estudios. Se premia el esfuerzo, la dedicación, el mejor promedio.

En algunos casos se jura colocando la mano sobre la Biblia, como máximo compromiso de cumplimiento. Es conocido el Juramento de Hipócrates que realizan los médicos, comprometiéndose a hacer de la medicina un baluarte para salvar al prójimo y respetar la ética profesional y el sentido del deber.

Se realiza en un salón de actos, un aula magna, donde haya lugar para los graduados y familiares, invitados especiales, profesores y autoridades. En algunos casos los graduados se visten con togas, la prenda que se coloca sobre la ropa, que puede ser negra o del color que sea distintivo de esa casa de estudios. A veces puede tener bordado el escudo de la institución, en otros se coloca sobre la toga una estola del color que identifica cada carrera. Esta vestimenta le da el toque de solemnidad por la unificación de los colores, de las formas, la imagen de los graduados; es lo que valoriza la importancia del momento. El vestirse para esa ocasión es una forma de jerarquizarla.

Se elige la persona que entregará el diploma, cuidando hasta el último detalle de la calidad del papel, la escritura a veces realizada en letra gótica y manuscrita para mayor lucimiento y cuidado.

ENTREGA DE PREMIOS

Indudablemente, para algunos de estos actos se deberá contar con el asesoramiento de personas especializadas, expertos, agentes de ceremonial de la Cancillería, y no dude de consultarlas pues a determinado nivel es imperdonable cometer errores.

Contamos con la colaboración de otros especialistas de ceremonial que darán ciertas reglas básicas para la correcta organización del evento: jerarquías, invitaciones, trato con autoridades, correcta ubicación de las banderas y de las personas.

Las jerarquías están dadas por el cargo o título de la persona. Marcan la precedencia y la presidencia en una mesa o palco.

Prepare a las personas que integrarán el comité de recepción (licenciados en RRPP), trabaje con agentes de ceremonial, piense en que si han seguido carreras de tres o cuatro años de estudio es porque no es tan fácil como parece.

DISCURSOS. CONFERENCIAS

Hablando de rituales, ceremonias y preparativos, cuando una persona debe hablar ante un público también debe prepararse, concentrarse, ensayar, tomarse su tiempo.

En la organización de cualquier evento hay que tener en cuenta la importancia de la palabra, no solamente del discurso del orador principal sino que permanentemente todo evento se comunica mediante la palabra, a cargo de un conductor, moderador, locutor o maestro de ceremonias.

A veces lo hará desde el podio preparado para tal fin y en otras ocasiones será desde un estrado. En algunos casos se tendrá un texto preparado para leer y en otros se dejará librado a la inspiración del momento, pero aun en el hecho de improvisar hay una preparación. No es lo mismo la persona habituada a enfrentarse con el público, a subir a un escenario y ser el blanco de las miradas, a aquella que de improviso alguien le pide que diga unas palabras y el elegido querría estar en cualquier lado menos allí.

PRESENTACIÓN DE LIBROS

Me parece oportuno comentar una situación real, de la presentación de un libro, que por razones de aduana no habían llegado los ejemplares. El autor, un pintor de renombre, tomó el tropiezo con sentido del humor y con un borrador del original se llevó a cabo la presentación, tal como había sido programada.

En otras ocasiones la causa de un atraso o imprevisto podrá ser porque la imprenta no cumplió los tiempos pactados u otros factores. Lo principal es buscar alguna opción como en el caso citado.

PROBLEMAS MÁS COMUNES:

1) Inasistencia de disertante.
2) Inasistencia del locutor.
3) Inasistencia de autoridades.
4) Inasistencia de personal.
5) No llegó el material.

Sugerencias:

1) Si hay un solo disertante, deberá suspenderse, devolver el dinero y dar opción de otra fecha.
2) Conviene tener copia de lo que dirá el locutor para que alguna persona ocupe su lugar. Si el reemplazante sabe hacerlo con profesionalismo, no será necesario informar del cambio (salvo que se lo hubiera anunciado, como ocurre con los moderadores). De no ser así, conviene informar que por causas ajenas a la organiza-

ción esa persona no ha llegado, y que gentilmente una persona se ha ofrecido o le han pedido y ha aceptado cumplir ese rol.

3) Muchas veces sucede que reservamos las primeras filas o los lugares de honor para autoridades que han comprometido su presencia y a último momento por cualquier circunstancia no pueden asistir. Siempre es poco agradable y hasta desairado que justamente los lugares más visibles estén desocupados. Otras veces hay que atrasar el inicio de un acto a la espera de esa persona. ¿Tenemos la certeza de que está demorada pero han asegurado que asiste? Entonces es el momento de comunicarlo, para que el público sepa que deberá esperar un poco más. Puede ser que la autoridad envíe a un representante; en ese caso no habrá mayor problema en las ubicaciones.
   Si no asiste, invitaremos a otras autoridades a que ocupen esos lugares. Siempre trataremos de que el acto o ceremonia se luzca lo más posible. Esta figura o rol, por así decirlo, existe: se llama *bouche trou*, o sea "tapa agujero". Es una persona de nuestra confianza o de un cargo menor en la empresa, a la que podemos solicitarle que ocupe un lugar o, por el contrario, que lo deje libre ante la llegada de la persona esperada.
   Recuerdo que un desfile de modas de Roberto Piazza en el Hotel Sheraton, la primera fila estaba reservada para personalidades, artistas (como Mirtha Legrand, Graciela Borges, Susana Giménez y otras). Cada silla tenía colocado el nombre correspondiente y delante de mí se acercaron señoras que despegaron el nombre en un segundo y ocuparon los lugares. De más está decir las complicaciones que causaron; la única forma de reservar ese espacio, es sentando a otra persona.
4) En algunos casos podrán tener suplentes preparados especialmente, ya que están cumpliendo una función y su importancia no está dada por la persona.
5) Si lo que debe entregarse es el programa y no está a tiempo para el evento, a veces cabe la posibilidad de colocar a la entrada o en lugar visible un pizarrón o rotafolio, o imprimir la síntesis del programa a último momento en una computadora.

Pero siempre es fundamental e indispensable INFORMAR:

- Informar acerca de la inasistencia del disertante.
- En caso de cambio de horario o de día, comunicarlo por micrófono o con una nota que se entregue a todos los participantes,

con las opciones; o colocando la noticia en la cartelera o en el mural del congreso.

- Dar la opción al participante de retirarse y devolver el dinero (en caso de que sea un único disertante).
- Si se modifica el tema, hay que informar que lo que se ofrece es totalmente diferente de lo anunciado.
- Si bien uno asiste muchas veces a un congreso para escuchar a una o varias personas, también lo hace porque le interesa un tema en especial, por lo tanto a veces no molesta el hecho de que sea otra persona la que trate el mismo tema. Pero el respeto al público tiene que prevalecer por sobre todo. Por lo tanto, el participante es el único que debe decidir si invierte su tiempo y su dinero en otro tema u otro disertante.
- Desde el momento que se informa, con las debidas excusas y propuestas, es muy probable que en la mayoría de los casos el público comprenda el imprevisto y acepte otra solución, al ver la preocupación del organizador por resolver el conflicto por lo inesperado o el cambio de último momento.

Cuando me preguntan qué se debe hacer ante un imprevisto, respondo que si esto afecta directamente al público, invitado o participante, debe informarse:

Informe
Hable
Dígalo

Inmediatamente surgen otras preguntas: ¿hasta dónde se informa? ¿Qué se transmite? ¿Se dice la verdad? Veamos algunos ejemplos.

Asistiendo a un congreso, elegí los temas de mi interés y me dispuse a escuchar la conferencia anunciada, a cuyo disertante no conocía personalmente. La persona comienza a hablar, pero de otro tema. Averiguo con los organizadores y me dicen que como la persona prometida trabaja en Presidencia y está muy ocupada, cambiaron la hora y el temario, pero que estaría al día siguiente a primera hora. Finalmente, me entero de que tampoco pudo asistir al día siguiente y que ya no lo haría, por lo que ese tema no sería dado.

ERRORES Y SUGERENCIAS:

1) El conductor debería haber anunciado al finalizar la conferencia anterior, antes del *coffee,* que se modificaba el horario, el nombre del disertante y tema de la disertación que lo reemplazaba. Es comprensible que esa persona estuviera con un imprevisto, pero si se avisa al participante éste sabe a qué atenerse, opta por retirarse, o si le interesa se queda a escuchar.

2) Cuando los organizadores pidieron disculpas por el tema que no se expuso, ya era al final del segundo día. Les consulté sobre si esa persona recién comenzaba a trabajar en Presidencia, al responderme que desde hacía varios años lo hacía me molestó, porque esa persona sabe que no cuenta con una disponibilidad horaria ni puede hacer uso libremente de su tiempo, ya que al primer imprevisto no podrá cumplir con un compromiso contraído pues es primordial su otra actividad. En ese caso, debió haber tenido alguien para reemplazarla, un suplente. Esta desprolijidad hoy en día es inaceptable. Nadie informó nada. Además, crearon una situación violenta para la disertante que, según la programación original, le tocaba hablar al día siguiente. Al solicitarle que *cubra un hueco* y no estar preparada mentalmente, disertó visiblemente contrariada.

3) ¿Hasta dónde se transmite toda la información? Si la información que debe transmitir puede llegar a inquietar, trate de manifestarlo de manera tal que no cree pánico. No debemos confundir. No se necesita entrar en detalles, pero sí transmitir escuetamente, entretener, y a veces distender, según sea la situación.

En una ocasión llevaba un grupo de niños a visitar la isla Martín García, por agua. En un momento de la travesía una tormenta agitó el barco más allá de lo normal. En ese caso no debíamos informar a los niños porque entrarían en pánico, por lo que nos tomamos de la mano y así sujetos cantamos e hicimos juegos hasta que pasó el temporal.

Se podrá optar entre estas fórmulas:

Por causas de fuerza mayor la señora........... que debía hablar de.............. será reemplazada por ...., quien debía hablar mañana y con gran gentileza ha aceptado disertar ahora. El tema a tratar es.................. Invitamos a los participantes a disfrutar, a participar ....

Próximamente indicaremos a ustedes el horario de la disertación anunciada.

Otra posibilidad es:

Por causas de fuerza mayor la disertación.......................... será reemplazada por....... Invitamos a participar de la misma o a regresar a las..........., horario de la próxima charla. Pedimos disculpas por este inesperado cambio.

O también:

Ante la imposibilidad de que la señora .... asista el día de mañana, las sesiones se reanudarán ...., a las .... horas, en lugar de las 9 horas, como se había anunciado.

No sé por qué resulta tan difícil dar la cara y hacerse cargo ante situaciones que son causas ajenas a nosotros sobre las que no se tiene ninguna responsabilidad.

Una de las reuniones que realicé en el Centro de Organizadores de Eventos fue una conferencia dictada por una persona muy conocida del medio. El día anunciado se engripó, pero por suerte pudo informarlo en el transcurso de la mañana, lo cual nos dio margen para encontrar una solución. Como reemplazarlo era imposible porque se trataba de él, su empresa, había salido el anuncio en el diario y ya había gente inscripta, acudí a todas las opciones y se me ocurrió que a lo mejor dando realmente la noción del compromiso de esta persona, un aspecto podía cubrirse, por lo que solicité de su empresa (una editorial) varios ejemplares de números atrasados de la revista que editaba. Cuando llegó el momento de la conferencia, a medida que iban llegando los interesados, se los hizo pasar, personalmente me presenté e informé lo que ocurría, y que en atención hacia ellos el disertante les había enviado un obsequio y que yo iba a hablar de estos imprevistos en eventos. Salvo una persona, sobre cincuenta, todos se quedaron.

¿Qué se logró? Primero: confianza, es decir que la persona anunciada estaba comprometida realmente con el evento y que además se había preocupado por ellos. Segundo, la alternativa de que si no les interesaba la propuesta, no perdieran su tiempo. Tercero, encontrarse con alguien, un responsable indirecto, que se hacía cargo y daba la cara.

OTROS PROBLEMAS

Menor cantidad de personas: Es muy desagradable llegar a un salón preparado para mayor cantidad de público que el que está presente, y a veces es difícil calcular la cantidad de personas que asistirá porque no se puede hacer un seguimiento. Cuando se venden las entradas podemos tener un margen de alguna inasistencia pero por lógica la diferencia nunca será tan grande.

Sugerencias:

a) Si en la sede hay sillas, se acomoda en el centro la cantidad estimada de asistentes y luego se colocan a los costados unas cuantas; puede ser apiladas o acomodadas contra la pared, o cercanas a ese lugar en una habitación o espacio contiguo, de manera tal que si son necesarias estén en el mismo lugar y a mano. En caso de muchas ausencias, no se notará que esperábamos más gente.

b) Si el salón tiene butacas fijas también se puede sectorizar levantando los asientos a partir de determinada fila.

c) También se pueden iluminar determinadas áreas, y otras, oscurecerlas.

d) Colocar cordones que impidan el paso hasta que se completen los primeros lugares.

BANQUETES

Problema: Si en una comida protocolar con mesas banquete (lugares asignados para que cada comensal se siente) falta alguna persona, esto desarma el protocolo y complica las jerarquías. En realidad, tratándose de una comida formal se debe confirmar la asistencia. Esto permite organizar debidamente los lugares, pero puede suceder que, a la inversa, asistan más comensales que lo esperado.

Sugerencias: Conviene tener algunas mesas preparadas con centros de flores, sin sillas alrededor ni vajilla, que den la idea de que se espera a más personas. Llegado el caso, se puede poner el servicio y acercar sillas, preferentemente plegadizas, de las que se arman en un segundo.

Así como no es agradable ver mesas vacías, resulta desairado para el invitado que las preparen en el momento.

IMPREVISTOS

Según algunos organizadores profesionales de eventos, y como comentaba al inicio de este capítulo, se deben prever los posibles imprevistos y tienen que figurar en el proyecto para ir buscando la solución inmediata.

Si bien siempre puede aparecer un hecho fortuito inimaginable e impensado, si nos detenemos a pensar a veces hay imprevistos predecibles o que se espera que sucedan. Tal el hecho, por ejemplo, del corte de una ruta o de los piquetes de huelga: se sabe que la gente está mal, que está por realizar alguna acción de protesta, entonces las fuerzas de seguridad se preparan, están todos alertas... hasta que sucede el imprevisto que vislumbrábamos.

EL ORGANIZADOR Y LOS IMPREVISTOS

Corría el año 1995 y ese día se iniciaba la Vª Cumbre Iberoamericana de Jefes de Estado y de Gobierno. En el aeropuerto, la intendenta de Bariloche recibía uno a uno entregándoles a todos ellos las llaves de la ciudad. En un costado, y en un palco preparado especialmente, la gran mayoría de los setecientos periodistas acreditados registraban la repetida escena. Todo ocurrió cuando luego de descender de su avión y caminar por la larga alfombra roja, el mandatario cubano Fidel Castro se disponía a ascender al estrado donde recibiría la bienvenida oficial. En ese momento, el viento reinante aumentó súbitamente su intensidad y el extremo más alejado de la alfombra comenzó a despegarse y dirigirse hacia las dos autoridades. Encontrándome a pocos metros de la escena, corrí hacia la alfombra y con el peso de mi cuerpo pude evitar lo que inexorablemente habría sido noticia destacada en todos los medios de comunicación.

En otra oportunidad, un Congreso Internacional se iniciaba con un coctel vespertino. Previamente, había que acreditarse en una galería contigua acondicionada a esos efectos. De pronto, sobrevino un corte de energía eléctrica, agravado por la falta de funcionamiento del generador de emergencia. En ese momento se me ocurrió (o me lo sugirieron) alinear varios de nuestros automóviles con sus luces encendidas (por suerte el lugar lo permitía) e iluminar el sector hasta el regreso de la luz.

Podría citar decenas de otros imprevistos. La experiencia indica que estos, en mayor o menor grado, siempre existirán. Cualquiera sea el área en que se produzcan, cuando su responsable se vea superado, allí estará el organizador siempre atento a resolver la situación. Su talento, su experiencia, y por sobre todas las cosas su presencia de ánimo, sin duda serán fundamentales para superar el mal paso.

Pero para ello es indispensable tener en cuenta dos aspectos fundamentales para el éxito organizativo de un congreso o una exposición. En primer lugar, establecer un adecuado organigrama, asignando una clara responsabilidad a quienes están a cargo de cada una de las áreas allí establecidas. Posteriormente, antes de comenzar el montaje del evento, realizar con ellos una reunión de coordinación. En ella se analizarán cronológicamente todas las secuencias del emprendimiento, desde que empiezan hasta que finalizan, permitiendo así corregir o modificar en detalle los aspectos oportunamente planificados. Los responsables de cada área estarán al tanto e interiorizados de los mecanismos necesarios para su estricto cumplimiento. En pocas palabras, organizar es prever.

Quedará entonces para el organizador, la mente clara y despejada para ejercer una de sus más preciadas virtudes: la capacidad de solucionar imprevistos.[1]

OTRO TESTIMONIO

Durante 1999 tuve a mi cargo la coordinación total de un Megaevento denominado "La gran pollada familiar de Coca-Cola", evento que congregaba en promedio a cincuenta mil personas. Este evento no es más que un festival musical, en el cual se presentaban los mejores espectáculos para todas las edades y todos los gustos, en un horario netamente familiar y dirigido directamente al segmento "C" de la población, a un precio de 7 centavos de dólar, un regalo para el segmento más golpeado.

En este evento mi responsabilidad abarcaba los siguientes puntos:

- *1º Planeación, coordinación y supervisión del espectáculo.*
- *2º Coordinación directa con proveedores y sponsors.*
- *3º Montaje y decoración.*
- *4º Seguridad externa (policial, bomberos, defensa civil, cruz blanca, etc.).*
- *5º Seguridad particular.*
- *6º Negociaciones con socios estratégicos (Municipalidad-convenio porcentaje taquilla).*
- *7º Pago y control de tributos.*
- *8º Módulos de venta.*
- *9º Manejo de personal en el evento.*
- *10º Liquidación de taquilla y producto.*

Como se puede apreciar, sobre mi persona recaía una gran responsabilidad que me obligaba a ser sumamente organizada y precisa en mis acciones y decisiones.

Hablar de experiencias, tengo muchas; sin embargo voy a mencionar sólo algunas, aquellas que me dejaron como saldo un aprendizaje para mi vida profesional y que ahora deseo compartir.

1 Testimonio de Carlos Alberto Monferrer.

UNA NEGOCIACIÓN PELIGROSA

La negociación inicial se realizaba con una municipalidad, con la que se formaba una sociedad que ofreciera ventajas significativas para ambas partes.

Durante un mes se realizaron múltiples coordinaciones con la Municipalidad de Villa María del Triunfo, lográndose acuerdos importantes; sin embargo en la realidad no fue así.

Entre los acuerdos figuraba la entrega de un local adecuadamente habilitado para la realización del evento. Sin embargo, en la etapa de implementación la realidad fue otra: la Municipalidad no cumplía al ritmo prometido, pero no era posible postergar el evento debido a que ya se había iniciado toda la promoción publicitaria en los medios.

Los tratos posteriores fueros muy difíciles pero se lograron subsanar en el camino. Muchos dirán si es que no había contrato. Les recuerdo que estamos hablando de una entidad burocrática que no apela a contratos sino a convenios que en la práctica no tienen ninguna validez.

Después de mil problemas llegó el día del evento, el público pugnaba por entrar al recinto y las largas colas hacían presagiar una vez más un rotundo éxito.

Una hora antes del evento el alcalde del distrito me llama a un ambiente aparte para indicarme que había decidido cancelar el evento... por motivos que no supo explicar. Como comprenderán, ellos eran dueños de casa y manejaban toda la seguridad de la zona, lo que convertía esa situación en una bomba de tiempo.

Sin embargo, un organizador de eventos jamás debe mostrarse atemorizado —debiendo controlar emociones personales— y debe darse cinco segundos mientras habla la otra persona para decidir qué hacer. Pasaron esos cinco segundos y la decisión era mía. Mi respuesta fue muy clara, era el todo por el todo y no podía ceder. Mi respuesta fue: "Si decide cancelar el evento es una decisión enteramente suya y el peso de ello recaerá en usted, puesto que la comuna que lo eligió y que está afuera esperando entrar lo responsabilizará a usted. Por mi empresa no hay problema, pero que quede claro que el día de mañana convocaré a una conferencia de prensa aclarando su extraña decisión".

Luego de eso quedó un silencio sepulcral, después del cual el alcalde se retractó de su intención, puesto que tuvo el temor de que su imagen fuera dañada. Yo creo que realmente quiso presionar para obtener mayores utilidades, sin embargo mi respuesta tan segura y terminante lo hizo retroceder en sus intenciones.

Soy consciente del riesgo, sin embargo soy una convencida de que un organizador de este tipo de eventos no debe acceder a chantaje alguno, puesto que el poder está en la firmeza con que se plantean las cosas.[2]

2 Testimonio de Elizabeth Álvarez, organizadora de eventos de Perú.

Etapas del organizador

CAPÍTULO IV

Seguiremos profundizando los diferentes temas, siempre con el afán de encontrar lo que puede salir mal, los imprevistos previsibles, las posibles soluciones, el mayor conocimiento del asistente y de cómo podrá sentirse usted como organizador.

En todo evento hay cuatro etapas desde el punto de vista del ejecutor, del que lo realiza:

1) La creación en sí, la concepción de la idea.
2) El análisis de la viabilidad, de la posibilidad de llevarla a cabo, la logística.
3) La concreción de la idea, o sea el momento del evento.
4) La evaluación posterior.

ETAPA 1: LA CREACIÓN EN SÍ, LA CONCEPCIÓN DE LA IDEA

En este momento puede darse una situación delicada o más peligrosa, que podríamos decir es ilusionarse con ideas brillantes, seductoras, enceguecedoras, que nos deslumbren; nos enamoramos de esa idea y no medimos objetivamente los resultados. O peor aún, nos desviamos del objetivo prefijado o no pensamos eventuales fracasos por falta de algún eslabón que con el entusiasmo no tuvimos en cuenta.

Por lo demás, es verdad que al inicio hay que dejar volar la imaginación, pues la realidad nos bajará a tierra. En alguna ocasión será por el aspecto económico, en otra, por la imposibilidad de llevar a cabo determinada proeza tecnológica o las limitaciones del espacio o las características de la sede.

Otro aspecto que nos condicionará es el tiempo fijado para la preparación, y otro, el programa del evento. Pero hay que lanzarse sin miedo, evaluando los riesgos y analizando todas las etapas.

La primera es la del sentimiento, la de la creación en sí. Prepárese para las somatizaciones, ¿quién no ha sufrido palpitaciones, malestar estomacal o irritabilidad durante esta etapa?

Seguramente ha estado con la idea del evento todo el día, relaciona el evento con todo lo que le sucede.

Antes de pasar a la segunda faz, también podemos hablar de los factores que inciden en la toma de decisiones, en la aprobación del proyecto, en la evaluación por parte del cliente.

ETAPA 2: EL ANÁLISIS DE LA VIABILIDAD, DE LA POSIBILIDAD DE LLEVARLA A CABO

Es el momento de la reflexión profunda. Debemos analizar:

- El tiempo de preparación
- El tipo de evento
- Los recursos humanos
- Los recursos tecnológicos
- Los recursos financieros
- La sede apropiada
- El programa
- La elección de los proveedores

En este momento puede ser que estemos algo más sedados. Ya está todo en marcha, se aceptó la idea y tenemos que estar más cerebrales, más receptivos, analíticos, fríos. Deseamos tener todo bajo control y evaluamos la relación humana, la interrelación que lógicamente interviene desde el momento de la concepción: saber o poder transmitir el entusiasmo es lo que más fuerza tiene, el compartir un proyecto, sumergirse en una idea.

Un evento tiene rasgos de espectáculo, hay una fecha determinada, una idea propuesta y se trabaja para el hombre, que es el receptor de ese evento.

ETAPA 3: LA CONCRECIÓN DE LA IDEA

Es decir, el día del evento. Aquí tendremos que dejar de lado las emociones.

Anatole France dijo: "¿Qué es un evento? ¿Es un hecho cualquiera? No, es un hecho notable". Apropiada definición.

Y eso desea el organizador, que su evento sea un hecho notable.

Muchas veces un evento dejará una huella indeleble en nuestra mente o en nuestra alma, y nos marcará de alguna manera. Es difícil sustraerse a la celebración del triunfo del político que hemos votado, o de nuestro equipo de fútbol predilecto, escuchar y ver en River a los Rolling Stones y tantas manifestaciones.

Todo hecho notable conlleva el éxito o el fracaso, trae aparejados triunfos o sinsabores, da que hablar, comentarios positivos o negativos. Nos remarcarán, seremos notados, no pasaremos inadvertidos (aunque no estemos visibles durante el transcurso del evento). Se sabe que lo organizamos nosotros. Y el éxito depende de mil factores, la mayoría de ellos con posibilidad de dominarlos en la medida de la experiencia y conocimiento de cada una de las áreas o situaciones.

La personalidad del organizador, su forma de transmitir, su autodominio, el autocontrol, la capacidad de reaccionar acertadamente y en el tiempo del que se dispone ante situaciones conflictivas, inesperadas o que lo descolocan totalmente, también juegan un rol preponderante. Él es el responsable, ya que interviene directamente e incide sobre todas las personas involucradas.

Hay que saber discernir entre lo importante, lo indispensable, lo urgente y lo necesario. Es una de las claves del éxito. El dominarse (al menos dar esa imagen para los demás, tanto al público o invitado como a las personas que trabajan con nosotros, quienes forman nuestro equipo).

Tengamos en cuenta que las ondas energéticas influyen sobre todos los que están en ese ámbito; si se toma conciencia de ello, se pueden solucionar muchas cosas.

Si recordamos que hemos sido testigos de cuando se cae o trastabilla un bailarín en un espectáculo de ballet o de ópera, seguro no será el único. Si algo falla en la escenografía o en el trucaje, es probable que a ese hecho le continúen otros y si un cantante produce algún error, es habitual que a otro también le ocurra.

ETAPA 4: LA EVALUACIÓN POSTERIOR

Aquí ya hay dos evaluaciones que hacer:

a) El cliente.
b) El organizador.

a) El cliente está alerta, pues él es el responsable de la elección, ha optado por esa empresa organizadora, puede ser porque es conocida, o porque analizó su propuesta y la encontró más conveniente. En ambos casos, está expectante, esperando que todo se desarrolle correctamente. A veces siente todo el tiempo sobre sí la mirada de su superior, que delegó en él esta tarea y hasta que no se concrete, se realice el evento, haga la evaluación correspondiente y el resultado sea positivo, no descansará y no cederá en sus tensiones.

b) El organizador también siente sobre sí la mirada del cliente, del superior (en algunos casos), del público que espera salir satisfecho, de los proveedores y los recursos humanos que ven en él a la persona que les da seguridad y que si se pone nervioso deberá lograr que no se note. En este caso, las emociones son variadas: pasamos del ego del halago hasta el deseo de perfeccionismo, conociendo el *backstage*, sabiendo los entretelones y estando alertas a lo que podría llegar a fallar.

Como dije anteriormente, nuestro organismo responde ante cada uno de estos estímulos, con diferentes manifestaciones. Transpiración de manos, rodillas que se aflojan o sequedad de garganta, que a medida que va transcurriendo el evento y se va desarrollando, podrá incrementarse o desaparecer totalmente.

Y aquí comienza un nuevo camino: el de crear otro evento, con toda la experiencia acumulada evento tras evento, con la nostalgia de lo que terminó, a veces sintiéndose vacío hasta que llega uno nuevo, pero con la satisfacción de haber alcanzado el objetivo y cumplido todas las etapas. Nuevamente se reanudan las cuatro etapas del proceso de realización de un evento.

CAPÍTULO V

La palabra

ORADORES

El hablar a veces crea muchos conflictos y es fuente de sufrimientos del que debe hablar, porque no sabe hacerlo, o no le gusta o se pone muy nervioso por falta de práctica. No es solo lo que se dice sino cómo se lo dice y así nos comunicamos. Pero una inflexión, el elevar la voz en determinada palabra, el reforzar una idea, el saber en qué momento necesitamos inspirar más profundamente, tragar saliva o hacer un silencio más prolongado según el impacto que se desea causar es lo que hace que se logre el objetivo deseado.

Estas indicaciones, además de la correcta modulación de las palabras, la clara dicción y el énfasis, hacen que un público se mantenga interesado y la atención no decaiga durante una reunión, ni se corra el riesgo de que se duerma.

En algunas de mis clases de oratoria, para tomar conciencia de la importancia de la palabra hago referencia a los servicios de ayuda al suicida que se brindan telefónicamente. Si pensamos que una voz anónima en el teléfono puede salvar a una persona, entenderemos cómo toda palabra tiene su razón, su tiempo, su forma.

A veces no se miden los tiempos y cuando el disertante dice "seré breve", esté por seguro que el que enuncia eso luego será el que más "*se quede pegado*". Es verdad que transcurso del tiempo para el que habla, si no sabe hacerlo o no le gusta, le parecerá eterno, interminable, mientras que para el que disfruta de hablar el tiempo vuela y es escaso.

Como regla protocolar recuerde que *el orden de los oradores es inverso a las leyes protocolares: comienza hablando el de menor jerarquía y finaliza el de mayor jerarquía.*

Problemas:

- El disertante continúa hablando y no respeta el tiempo que le han asignado.
- Las preguntas se pasan del tiempo estipulado.
- Nadie pregunta (sobre todo al principio).
- Alguien pregunta demasiado.
- Alguien se enfrenta o discute con el disertante.

Sugerencias:

- Prepare a alguien de su confianza para que haga la primera pregunta.
- Todas las preguntas deberán hacerse por escrito.
- Tenga preparadas las palabras que corresponden al conductor.
- Tenga preparadas palabras de excusa (ver ejemplos).
- Pruebe los equipos, micrófonos, trabaje con el personal técnico.
- Informe claramente el tiempo de que dispone el disertante para exponer, a veces ayuda un pequeño reloj ubicado sobre el estrado, indicando la hora de finalización.
- Paute el tiempo de las preguntas.

Si hay varios disertantes, asegúrese de que cumplan los tiempos prefijados, dé a cada uno el tiempo prudencial para hablar.

- Tenga un margen de tiempo entre uno y otro disertante que conozca solamente usted.
- Tenga una guía de lo que debe hacerse, con los puntos críticos.

No olvide estos elementos que siempre ayudan a salir del paso:

Adaptadores
Bloc de hojas
Cables
Cinta adhesiva
Copia del protocolo
Enchufes

Marcadores
Copia de los textos
Copias del programa para todos los asistentes.

CÓMO LOGRAR UNA COMUNICACIÓN ORAL EXITOSA

Primero tendrá que saber qué es lo que busca, si va a enseñar deberá ser paciente con el participante, por ejemplo en seminarios, cursos, congresos; deberá explicar de qué se va a hablar e informar al auditorio el tiempo que durará la disertación. Esto es muy importante, dado que uno se prepara inconsciente y conscientemente para ese tiempo. Repetir conceptos complejos, fechas, nombres cuando sea necesario. Dar ejemplos claros. Hacer las citas que considere pero sin abusar.

Mirar a todos, la mirada es indispensable para establecer una buena relación. Si está ante un auditorio donde los participantes están cerca y puede verlos, le será necesario para pulsar el interés, si por el contrario es muy amplio y los asistentes están lejos de su mirada, igual eleve la vista a la altura de los primeros palcos o donde sepa que hay gente, y aunque no los vea por distancia o por la oscuridad, igual sentirán su interés. *Abrace* con la mirada todo el recinto, mire a un lado y a otro, hacia arriba (no tanto como para que le queden los ojos en blanco) y abajo (no a sus pies, porque se verán solo los párpados).

Como organizador quizá deba hablar en muchas ocasiones, justamente las inesperadas, como tener que comunicar por ejemplo la programación o un cambio de horario o disertante.

CONVENCER. MOTIVAR. COMPROMETER

Si debe lograr los objetivos arriba mencionados en una asamblea, en un acto cívico, solidario o político, deberá:

- *Exagerar la pronunciación:* Hacer grandes pausas esperando que se comprenda lo que se acaba de decir, que se registre, que pueda recordarse.

Si lo que comunica puede emocionarlo, deberá controlar su sentir, cuidar que no se quiebre la voz; recuerde que principalmente su conducta debe ser acorde con lo que predica. Para ello, antes de hablar:

- Conozca a fondo el motivo, la causa.
- Explique bien las razones.
- Dé datos, cifras claras.
- Puede dar nombres, ejemplos.
- Puede hacer historia, dar fechas.
- Si tiene alguna cita, procure leerla.
- Pida cosas posibles, verificables, medibles.
- Respete al auditorio.
- Sea concreto.
- Transmita confianza.
- Sea optimista.

En casos en que deba agradecer:

- Sea auténtico.
- Repita la palabra *gracias*.
- Demuestre su agrado con el rostro, la mirada, el ademán.
- Insista en su actitud de reconocimiento.
- Sonría.

Todas estas situaciones se diferencian por:

- El contenido.
- La expresión.
- El énfasis.
- El tono de voz.
- Los gestos.
- Las repeticiones.
- Los silencios.

Si en algún momento de su alocución desea repetir un concepto o considera que debe hablar con mayor vehemencia:

- Marque las palabras fuertes de su texto.
- Deletréelas.
- Repita la palabra o la frase con otro tono de voz.

- Haga silencio antes de una idea más comprometedora, cree expectativa.

IDEAS FUERZA

Son palabras o frases que definen el contenido del discurso. Recuerde que el que conduce un evento lo hace a través de la palabra. Veamos cómo debe hablarse en cada circunstancia:

1. *Ante un brindis:*
   a) Recalcar el motivo de la reunión.
   b) Hacer una breve reseña sobre lo que la motivó.
   c) Expresar sus deseos (o sea, el brindis mismo).
   d) En este caso deberá improvisar.
   e) No levantar la copa antes del momento en que se invita a brindar.
   f) No debe hacerse más de un brindis por reunión.

2. *Discursos:*
   a) Enunciar lo que se va a decir.
   b) Decirlo.
   c) Comentar lo que se dijo.
   d) En un acto académico debe leerse.
   e) Si nos dirigimos a una alta personalidad, no se debe improvisar —sería una falta de respeto—, en este caso también deberá leer.
   f) El ritmo, el tono de voz y el contenido deben coincidir con la seriedad y nivel del acto.

3. *Homenaje o aniversario de un difunto:*
   a) Es una situación delicada, no debe caer en lo dramático pero requiere sobriedad, contención, autodominio; recordemos las palabras y la forma de hablar de lord Spencer, hermano de Lady Diana en las honras fúnebres.
   b) Hacer un breve enunciado de esa dolorosa misión.
   c) Evocar la trayectoria.
   d) Utilizar palabras francas.
   e) Si se lo tuteaba, al menos una vez durante el discurso hable con esa familiaridad.

f) Evitar temas personales.
g) No hablar en tono lastimero.

En muchas situaciones podrá improvisar. En ese caso, recuerde:

- Tenga una guía básica de los temas a tratar.
- Anote las ideas principales.
- Anote las fechas, nombres y apellidos.
- Practique lo que quiere decir para calcular bien los tiempos.

MATERIAL DE APOYO

Si utiliza material de apoyo (transparencias, diapositivas, videos), no abuse.

La sala no debe quedar totalmente a oscuras, se corre el riesgo de que los participantes se adormilen, por muy interesante que sea, una butaca mullida, un entorno oscuro y silencioso se vuelven nuestros enemigos, y peor aun si es la primera hora de la mañana o después del almuerzo, donde además a veces se toman bebidas alcohólicas.

- *Transparencias*: óptimas para visualizar con imágenes o gráficos lo que se dice.
- *Audiovisual:* no se debe repetir lo que se muestra.
- *Rotafolio*: ideal para salas no muy grandes, dado que a la distancia no se alcanza a ver.

CÓMO PREPARARSE PARA UNA CHARLA

Reitero: tenga en cuenta las jerarquías, que en la oratoria es a la inversa que en cualquier otro orden de precedencia, en que se le da prioridad al más importante.

- Primero habla el de menor jerarquía y por último el de mayor importancia.
- Cuando se dirige nombrando a los presentes, debe hacerse de acuerdo con su importancia o jerarquía, de mayor a menor. Por ejemplo: señor presidente del Banco Central, señor gerente de la Sucursal xx, señoras y señores.

- Evitar decir "Seré breve" y después no serlo.
- Si son varios oradores, debe tener una palabra amable hacia el que lo precedió.

Cuando se prepare para hablar, tenga en cuenta estos datos:

- Sepa del tiempo de que dispone.
- Adecue la charla al tipo de público:
  a) Selecto o ideal, que es el que fue voluntariamente, por su propio interés, está predispuesto para lo que va a ocurrir.
  b) Si es un público obligado, dependerá del disertante que se transforme en un público interesado.
  c) Si es circunstancial, como por ejemplo la persona que en una exposición pasa por un stand y le llama la atención una voz, una palabra, y se acerca a escuchar.
- Sepa en qué momento hará uso de la palabra: al comenzar el evento, al promediar o al finalizar.
- En qué forma va a ser presentado; como invitado, colega, autoridad, amigo.
- Conozca el lugar, la ambientación, la iluminación, solicite la que usted necesita, luz de lectura o plena luz; verifique los accesos, las escaleras, su lugar en el estrado.
- Pruebe las luces, los equipos de apoyo. Micrófonos y parlantes.
- Preste atención al color y tipo de pared, telón, panel, etc. Para adecuar el color de la vestimenta: un traje negro sobre una pared marrón o negra no se distingue; por el contrario, demasiados colores o colores fuertes distraen.

Le damos algunas fórmulas para comenzar una charla:
Cuando me invitaron a dar esta...
Quiero compartir con ustedes...
Quería comentarles por qué elegí este tema...
Es para mí un día distinto porque...
La oportunidad que se me ofrece...
Me han conferido el honor...
Hoy (diga el día y el mes), es una fecha especial para mí...
Me presento a ustedes con alegría...
Recuerdo el primer día, cuando me puse a preparar...

Frases para terminar:
Y por último...
Antes de terminar...
Quisiera terminar...
No podría despedirme sin...
Para finalizar veremos...
Llegando al término de mi charla...
Como broche final...
Imposible finalizar sin decirles...
Mi más íntimo deseo al despedirme...

Frases para ayudar a enlazar:
Voy a repetir...
Los invito a pensar...
Quiero tomar como punto de partida...
Dicho de otro modo...
Pasemos a otro tema...
Ustedes se preguntarán...
Ustedes convendrán...
Quizá no fui claro...
Me permito recordarles...

Sugerencia para las señoras: no llevar al escenario o estrado, cartera, accesorios ruidosos o llamativos, tapados o sacones grandes.

DISCURSOS

El hablar bien no es prioridad de los eruditos. A todos nos habrá tocado en algún momento ir a una reunión en la que los disertantes se eternizan o no saben hablar ni leer. No ponen énfasis ni interés en lo que dicen, a veces ni están convencidos ellos mismos. No se puede motivar a los vendedores si no se cree en el producto o servicio.

En algunas circunstancias se puede improvisar; en otras, es una falta de respeto, como cuando nos dirigimos a altas autoridades, o cuando hablamos en honras fúnebres, como comenté anteriormente. Si tiene que leer:

Prepárese, practique.

CAPÍTULO VI

Sedes

Para elegir la sede de un evento no nos limitemos a los lugares tradicionales que indudablemente cumplen perfectamente su función; las necesitamos, pero de acuerdo con las características de la reunión, podremos elegir desde la estación de subterráneo, las escaleras de la Facultad de Derecho (Buenos Aires), la sala de un museo o una calle que se cierre ex profeso.

¿Pensó en esos lugares que acondicionados pueden servir de ámbito para algún tipo de reunión?

- Plazas
- Calles
- Shoppings
- Museos
- Estaciones de tren, subterráneo
- Muelles
- Silos abandonados
- Galerías comerciales
- Discotecas
- El *house* de los countries
- Iglesias
- Templos
- Escalinatas
- Parques
- Carpas
- Playas, balnearios
- Centros de ski
- Costaneras
- Parques de diversiones
- Sedes móviles:
  - un barco
  - un avión
  - un tren
  - un ómnibus

Tenemos que pensar también que el lugar elegido condiciona, marca un nivel. Primero, porque desde la ubicación, el estilo de la construcción, la decoración hasta el equipamiento estarán relacionados y hay que tener en cuenta que la sede tiene que ser acorde al tipo de evento y cumplir con los requerimientos necesarios.

A esto se le agrega la importancia de estar ubicado en una zona de fácil acceso, con medios de comunicación, y siempre adecuado al tipo de evento. No tiene las mismas características una reunión privada para un público cerrado con invitación especial que una exposición o festival que desea captar gran cantidad de público.

En una oportunidad se organizó una conferencia de prensa en un avión que sobrevolaba Buenos Aires. En otra oportunidad una línea de moda femenina sorprendió a los pasajeros realizando un desfile en el aire, durante el vuelo.

En otra circunstancia, se organizó una conferencia de prensa en un restaurante sobre la Costanera y al finalizar la misma se invitó a los periodistas a dar un paseo en yacht. También son atractivos los trenes en desuso que se utilizan como bibliotecas o restaurantes, al igual que los tranvías, donde se presentó una muestra de pintura. Y también podríamos hablar del barco francés *Cargo 92,* que recorría el mundo con espectáculos típicos de ese país, y la biblioteca que recorría los puertos de la Argentina con libros y presentaciones de todo el mundo, que al anclar en cada puerto daba la posibilidad a esa ciudad de tener acceso a ese material.

En la Costanera, en Buenos Aires, se ha construido una réplica de Tierra Santa. Se ha creado un evento recreando la historia, costumbres y geografía; se ha hecho un evento de características atrayentes, o sea que a raíz de un evento se creó la sede apropiada que no existía.

En una zona ribereña se está construyendo una aldea aborigen, con los elementos que contaban en ese entonces para construir cabañas y espacios de esparcimiento; será una muestra permanente y un foco de atracción. Esto para hablar en esta escala. Por supuesto que las ferias internacionales han sido motivo, causa y excusa para grandes obras. Desde el Domo de Sydney hasta el barrio de Barcelona construido para los juegos olímpicos o la torre Eiffel para la Exposición Universal de París.

También podemos hablar de iglesias y catedrales donde se realizan conciertos, recitales, actos sagrados, autosacramentales, y no podemos dejar de mencionar *Luz y sonido*, en museos y lugares históricos.

Repasemos los factores a tener en cuenta para la elección de la sede para ver luego la problemática que se puede presentar:

Para una exposición o feria

Habrá que pensar en grúas si hay que colocar o elevar elementos voluminosos de decoración o maquinaria.

Deberá conocerse el peso que puede soportar ese lugar y si el contrapiso está preparado a tal fin.

Por lo tanto, además del buen acceso y estacionamiento propio o cercano habrá que evaluar:

- Área de acreditación
- Área gastronómica
- Alturas
- Depósitos
- Emergencias médicas
- Espacios públicos
- Guardarropa
- Oficina de informes
- Pabellones
- Sanitarios
- Sala VIP
- Salidas de emergencia
- Superficie para la muestra

Para seminarios y congresos

- Salas para el plenario —un auditorio donde se reúnan todos los participantes— y donde se realice el acto de apertura y de clausura.
- Salas en paralelo para talleres, conferencias, ronda de negocios.
- Sala de reunión para los participantes.
- Área gastronómica.
- Área de acreditación.
- Área para el equipamiento técnico.
- Área expositora.
- Guardarropa.
- Oficina de prensa.
- Oficina de documentación.
- Sala VIP.

Problemas:

a) No hay espacio para área de acreditación.
b) No se cuenta con sala VIP ni oficina de prensa.
c) No hay guardarropa.
d) No hay oficina con llave para la documentación.
e) No hay lugar aparte para el área expositora.

Sugerencias:

a) Para la acreditación podrá alquilar un mostrador o kiosco a las empresas que proveen esos servicios.
Los accesos a predios feriales y estadios donde haya gran afluencia de público deben tener vallados, molinetes o laberintos que impidan que la gente entre y salga corriendo. Sectorice los accesos con colores, con carteles identificatorios que se vean de lejos, así evitará preguntas y el orden estará establecido naturalmente.
b) El área de prensa o para invitados VIP se puede preparar dejando reservada una habitación; en el caso de que se desarrolle en un hotel, una sala o un sector, acondicionado y ambientado con alfombra, plantas, unos sillones con una mesa baja para poder colocar un cenicero o servir una copa. Con una buena iluminación se crea ese espacio principalmente para ofrecer un ámbito privado.
c) El guardarropa se puede improvisar en un sector separado por un perchero, cortinas, cordones, o sectorizando ese espacio con plantas, un escritorio o mostrador y una iluminación diferente.
d) Para la documentación se puede alquilar un mueble con llave, que será lo más práctico.
e) Un acceso, el área de *coffee break*, otra sala, se acondicionan para realizar la muestra paralela. Será necesario prever un lugar de depósito de paneles, mercadería y elementos decorativos.

PARA REUNIONES SOCIALES

- Área de recepción.
- Salón para la comida.
- Guardarropa.
- Sanitarios.
- Estacionamiento.

Si se acondiciona una casa particular, habrá que evaluar la necesidad de refuerzos de heladeras, hornos, cocinas, agua.

Problemas:

- No hay suficiente mobiliario, mesas, sillas, hornos y heladeras.
- No hay suficiente vajilla.
- No hay espacio para mesa banquete, que requiere un espacio determinado para cada comensal sentado.
- No hay guardarropas.

Sugerencias:

- Obviamente tanto sillas como mesas pueden alquilarse, existen en plaza de todo tipo o variar el tipo de comida que se ofrecerá. También podrá solucionar el problema con almohadones que resultarán más cómodos para colocar en el piso, sobre el césped en los peldaños de una escalera, por supuesto la comida deberá ser acorde.
- Si tenemos sillas diferentes y queremos lograr una unidad, se las puede vestir con un lienzo o raso; dependiendo del tipo de reunión, podrá lograr un efecto agradable, lo mismo hacemos con manteles.
- Respecto a hornos y heladeras, también podrán alquilarse. Pero *rolitos* en un balde con sal gruesa, o envolviendo las botellas en papel de diario y mojándolas de tanto en tanto, conservan un poco más la temperatura deseada.
- Si la reunión es una recepción, *lunch* o coctel, los invitados estarán de pie; en ese caso, habrá que pensar en mesas de apoyo. Muchas veces no se tiene en cuenta este aspecto y el invitado tiene una copa en la mano además del plato de comida. Si es una señora, tendrá también generalmente una cartera, y a veces un cigarrillo, por lo que siempre la comida que se ofrezca deberá ser bocados pequeños, *finger food* o *bouchée*, que no demande una mesa para apoyar y cortar.
- La iluminación también deberá pautarse en función del carácter de la reunión, todo equipamiento puede alquilarse teniendo siempre en cuenta la capacidad energética del lugar. Y además, tener muchas velas. Recuerdo una reunión en la casa de veraneo de unos amigos, en la playa, que juntaron vasitos de yogur, les ataron alambres y sirvieron de candelabros decorando los árboles, fue una

hermosa iluminación, luego les ayudé a disponer bandejas de mimbre sobre el suelo y con una tela colocada al estilo turco entre dos árboles se creó un ambiente de magia.

- Para el guardarropas, véase ítem anterior. En una casa de familia podrá vaciarse un placard o comprar perchas forradas de un mismo color y aunque esté a la vista un perchero resulta más agradable.

PARA ESPECTÁCULOS

- Boletería.
- Camarines.
- Espacio para guardar elementos decorativos.
- Escalerines de acceso.
- Gradas, butacas, plateas.
- Guardarropa.
- Practicables.
- Tarima, escenario o área delimitada para la actuación.

Problemas:

- Uno de los problemas que se presentan es que se venda o se regale más cantidad de entradas que las que el espacio puede proporcionar.
- Que asista más cantidad de público que el esperado.
- Que no haya camarines o no alcancen.
- Que no tengan escalerines de acceso.
- Que la boletería sea chica para la cantidad de gente estimada.
- Que las gradas, butacas o plateas sean insuficientes.
- Que no haya escenario.

Sugerencias:

- *Camarines:* Se pueden improvisar con cortinados, biombos de distinto tipo, paneles, espejos y percheros.
- *Boleterías:* Ofrecer venta o entrega previa de entradas en otros lugares acordes al evento o en la sede de los mismos sponsors, medios que participan. Por ejemplo, retirar entradas de la radio o del canal de televisión que patrocina el evento. Para mayor cantidad de público es conveniente colocar vallados que contengan, y laberintos de manera para que el público deba caminar lentamente, y se eviten aglomeraciones.

- *Gradas*: Sectorice con colores y carteles indicadores, que a los acomodadores se los identifique enseguida (pueden tener algún tipo de vestimenta especial, sombreros altos, alguna banda de color fluorescente, que no moleste pero que ayude a distinguirlos).
  - Para descongestionar puede contar con la colaboración de mimos, zanquistas, un grupo musical que indique las salidas y acompañe a la gente hasta las mismas.
  - Contrate personal especializado para boletería y acomodadores.
  - Tenga linternas a mano.
- *Escenario*: con mesas, caballetes y listones de madera, módulos que algunos salones u hoteles tienen preparados para este uso, se unen entre sí hasta lograr el tamaño y forma necesarios.
  - Verifique:
    -Los permisos de habilitación, derechos e impuestos.
    -Los extinguidores de incendio (cantidad y control de vigencia).
    -La capacidad energética.
    -Salidas de emergencia y puertas antipánico.

No podemos hablar de no prever.

Cuanto mayor sea la cantidad de público que asista, más riesgos se corren. Por eso el armado de gradas en calles, estadios, campos de deporte, requiere indudablemente que esté en manos de profesionales, expertos en la materia. Cuando hablo de la diferencia entre el tipo de público y la manifestación de su alegría, emoción u enojo, no es lo mismo los que están sentados e inmóviles que un público agitado.

A veces se arman gradas muy precarias, y si en algunos casos el imprevisto puede llegar a que nos falte un diploma o un ramo de flores para una persona que no esperábamos, reiterando este concepto, en el área de instalaciones esto es grave pues afecta directamente a la vida de esas personas. Cuántas gradas y escenarios armados a último momento o sin pensar en todo esto se han desplomado. Reitero: en esta área no se puede aceptar ninguna improvisación.

La decoración

La decoración crea climas, marca estilos, hace más cálido o moderno o suntuoso un lugar. Cuando hablamos de los sentidos, el ámbito en el que se desarrolla el evento es lo primero que percibimos.

Luego, durante el transcurso del evento, se evaluarán el programa, la comida, los entretenimientos, etc. Pero lo primero es el ámbito, que va directamente a la vista, que halaga el placer de mirar.

En algunas ocasiones, para ambientar o decorar ayuda muchísimo el partir de una idea rectora, de un concepto, de una reunión basada en un tema, monotemática.

En cuestión de temas también hay modas, y los temas del futuro, como comento al inicio de este libro, son:

- Salud
- Éxito
- Solidaridad / Fraternidad
- Calidad de vida
- Medioambiente

Partiendo de uno de estos temas se puede realizar el evento y ambientarlo y decorarlo con ese fin.

El fenómeno del crecimiento de las ferias y exposiciones obliga a acondicionar edificios ya existentes, como en el caso de Casa FOA, que en lugares preparados para otros usos o que fueron en otro momento fábricas, depósitos, barracas, etc., se utilizan para otros fines. De esa manera, se rescatan espacios. La revalorización de Puerto Madero nace a partir del evento América 92; ese año, como rememembranza del descubrimiento de América, silos abandonados, grúas y depósitos fueron reciclados dando el puntapié inicial a esa zona abandonada del puerto de Buenos Aires.

Podemos nombrar otros ámbitos, como Casa FOA, la ya tradicional exposición argentina que se realiza a beneficio del Hospital Oftalmológico Malbrán.

- Casa de La Moneda
- Casa Abril
- Tattersal de Palermo
- Loft de Dorrego
- Casa del Inmigrante

Con imaginación y creatividad, aplicando criterios de viabilidad y conveniencia se recrean espacios o se construyen otras sedes.

Algunos eventos se descentralizan y se desplazan a otras áreas, como por ejemplo a Pilar, zona cercana a Capital Federal, que es otro centro de atracción. Esto también ocurre en las ferias y muestras o eventos propios de cada provincia: mueven a un público deseoso de novedades, a veces solo para pasar un día diferente.

Como no son ámbitos creados ex profeso para un evento a veces surgen problemas, como he mencionado anteriormente, por lo que todas esas soluciones y sugerencias serán válidas de tener en cuenta.

LOS MEGAEVENTOS Y EVENTOS AL AIRE LIBRE

¿A qué se llama megaeventos? Como su palabra lo indica: a lo grandioso, a lo grande, sea por la cantidad de público que asiste o por la cantidad de participantes o por la envergadura de la puesta en escena.

El hombre siente necesidad de comunicarse, de vibrar al unísono, de compartir, de participar; podemos hablar tanto de eventos de índole religiosa, deportiva, como políticos o artísticos. Los espectáculos de cualquier conjunto de rock, como los Rolling Stone en River, o los diecisiete mil jóvenes en Dance Machine en Francia o las Jornadas Mundiales de la Juventud con un millón de jóvenes o cien mil personas en la muestra del Automóvil en el mismo país.

¿Cuáles son los cuidados que se deben tener?

No todas las calles, ciudades, estadios o clubes están preparados para una cantidad de público mayor que el previsto para el uso normal, por lo que se deben tener en cuenta, muy especialmente:

- Los accesos y salidas
- Salidas de emergencia
- La buena visibilidad

Muchas veces se construyen gradas, vallados, muy improvisados, si bien todo es efímero y se arman para uno o varios días, por supuesto no es algo definitivo, pero igual se deberá reforzar el cuidado en ese aspecto

También están las personas que desean acercarse mas a su ídolo, o que desean adelantarse o no ven bien y saltean butacas o gradas sin prestar mayor atención.

Problemas más frecuentes:

- Personal de seguridad que se extralimita.

- Salidas de emergencia bloqueadas.
- Teléfonos con candados.
- Gradas que se caen o se desploman o rajan por la cantidad de peso que soportan, a veces por no estar bien colocadas o por no tener adecuados cerramientos y anclajes.
- Aglomeración de personas en accesos.
- Mala señalización.
- Escasez de sanitarios o mal cuidados.
- Pocas salidas de emergencia, o con las puertas cerradas con llave, candados, cadenas.
- Poca iluminación para las salidas de emergencia.
- Insuficiente señalización.
- Mala visión.
- Mala acústica.
- Retrasos en la programación.
- Personal improvisado.
- Pocos acomodadores.
- Reventa de entradas.

Sugerencias:

- Solicitar los permisos correspondientes.
- Estructuras realizadas por profesionales.
- Control de las construcciones.
- Contratar gente del espectáculo que conoce los problemas que puedan presentarse.
- Refuerzo de sanitarios, agua y personal de limpieza y mantenimiento.
- Personal de seguridad.
- Prueba de equipos.
- Buena señalización; es ideal trabajar con colores, sectorizar:
  - Marcar las entradas.
  - Señalar las puertas de acceso.
  - Distinguir las gradas y el personal con la vestimenta o algún detalle especial, algo tan simple que evita preguntas y pérdidas de tiempo.

Hace pocos meses, yendo en auto por las rutas de Europa, observé que todos los puentes están pintados con colores fuertes, que contrastan con el verde de la naturaleza. El rojo, amarillo, azul o naranja se destacan desde lejos, se advierten y a la vez ofrecen un bello paisaje.

En la última edición de la Feria del Libro, las columnas estaban pintadas del mismo color que los pabellones; hubiera ayudado a ubicar e identificar con mayor facilidad los pabellones si también la alfombra hubiera sido de ese tono. Otra manera de señalizar es marcando el piso o las paredes con cintas engomadas de color.

LOGÍSTICA

Todo Organizador de Eventos hace uso, en mayor o menor grado, de La Logística.

Es decir, planifica transportes, movimientos de enseres, tramitación de permisos, negociación de seguros, contratación de instalaciones aptas para ese proyecto, ingreso y movimientos de los concurrentes, señalización necesaria e innumeras cosas más que hacen a esta ciencia.

Daniel B. Benincasa, de HOBBIT® Worldwide Logistics S.A. nos comenta:

De nuestra responsabilidad:

En el área de eventos, tanto en Ferias, Congresos, Exposiciones como en la de Eventos Especiales, debemos hacer, visto desde nuestra especialidad, dos grandes divisiones, aquellos donde los participantes sean nacionales y los que sean extranjeros.

Dada nuestra especialidad, nos estaremos refiriendo con mas detalle a los participantes del exterior, quienes pueden necesitar o apreciar el tipo de servicios que acostumbramos a prestar.

Debemos entender que las empresas o particulares participantes, están haciendo una importante inversión para lograr participar, concurrir a cada evento.

Esto cabe, como más arriba mencionamos tanto para empresas que llegan en pos de nuestro mercado, y se acercan con equipos de ultima tecnología dentro de su especialidad u orquestas de renombre que vienen a actuar en nuestro país, solo para mencionar algunos.

Para todos ellos la inversión que permite su concurrencia representa gastos en las áreas de pasajes, hotelería, profesionales para la atención del publico, técnicos, compra de espacio ferial, contratos de lugares de actuación, impresos, presentes de promoción, (*giveaway)* maquinaria o equipos de demostración, stand prefabricados que recorren todo el mundo, y una cantidad de elementos que seria larguísimo de enumerar, pero podemos llegar a imaginar.

Queremos relacionar este importantísimo esfuerzo o inversión, con nuestra responsabilidad en lograr un desarrollo eficaz y sin inconvenientes del evento en cuestión. Por ello creemos que:

EL ÉXITO DE TODO EVENTO Y LOS RESULTADOS DEL MISMO SON PROPORCIONALES A LA PROFESIONALIDAD DE TODOS LOS PRESTADORES DE SERVICIOS INVOLUCRADOS.
NO DEBEMOS OLVIDAR QUE LA RESISTENCIA DE UNA CADENA ES IGUAL A LA FORTALEZA DE SU ESLABON MÁS DEBIL.

De nuestra especifica tarea:

Bien, como hemos sido convocados para hablar sobre el desarrollo de nuestras tareas, debemos entender que en esta profesión, el tiempo no se mide con un calendario, se mide con un reloj.

En nuestra especialidad, el no lograr éxito en nuestro cometido, es sinónimo de que, al inicio del evento, la mercadería ha ser exhibida (sean maquinas, equipos, moda, electrónica, folletos, etc.) no este en tiempo y forma sobre Stand; los autos Fórmula 1 no lleguen a los boxes, los instrumentos musicales de la banda de moda no estén en el escenario o los decorados de una obra teatral no lleguen con la anticipación necesaria para ser desplegados.

Por ello, es entendible que todos los pasos, etapas, tramites burocráticos, transportadores aéreos, marítimos o terrestres es decir que toda la cadena de prestadores de servicios involucrados en el transporte desde origen hasta stand y regreso, debe ser confiable, y valga la reiteración, esos prestadores deben ser profesionales en su área.

Trataremos de hacer una somera descripción de las tareas, sin profundizar en los detalles de cada apartado:

- Fijación de una fecha tope (*dead line*) para el arribo de la carga a nuestro país.
- Definición de la mercadería a ser exhibida,
- Asesoramiento sobre el medio de transporte mas conveniente,
- Asesoramiento sobre embalaje y sobre la confección de los documentos de embarque ya sean Factura Comercial, Packing List, Bill of Lading, AirWay Bill, Conocimiento Rodoviario; de acuerdo a los parámetros y exigencias del Código Aduanero y de la AFIP DGA
- Recepción de la carga.
- Procedimiento aduanero, Despacho aduanero (a consumo / temporal).
- Verificación de la mercadería por parte de los agentes de la AFIP DGA

- Liquidación y pago de los gastos de almacenaje en depósitos fiscales, terminales portuarias.
- Retiro de la carga y transporte directo a Feria ó a nuestro depósito, hasta el momento de ser trasladada a Stand.
- Puesta en Stand
- Desembalaje
- Retiro y guarda del material de embalaje

  Luego del show:
- Puesta en Stand de los embalajes.
- Embalado
- Transporte a depósito.
- Confección del despacho aduanero de re exportación
- Transporte a puerto, aeropuerto o transportador internacional terrestre.
- Verificación aduanera.

El gerenciamiento, planificación, desarrollo, control, realización de todos estos pasos y su supervisión,

como más arriba decimos, es nuestra tarea.

Y nuestra tarea es LOGÍSTICA.

- quote -

"La Logística es mucho más que un flete, es mucho más que un centro de distribución, mucho mas que una red. Es la que permite optimizar recursos para llegar de la forma más oportuna y económica al destino deseado. Esto incluye transporte, software, equipamiento, operadores profesionales, almacenes. La mejor logística es la que mueve mas rápido, seguro y a costos acordes con la dimensión de la tarea y responsabilidad en ese desarrollo."

- unquote –

Esta ciencia, inicialmente fue desarrollada por las fuerzas armadas, quienes fueron pioneros en la necesidad de una cadena de abastecimiento de todos los insumos necesarios para las tropas, vehículos, navíos, o aeronaves, que, avanzando en territorios hostiles, no deberían sufrir desabastecimiento de ninguno de los miles de artículos necesarios para ese conjunto de voluntades que, además, debían resultar ser los vencedores.

De nuestra participación económica:

Me permito entender que si somos profesionales en nuestras tareas, si contratamos a profesionales en las áreas tercerizadas, si estamos *aggiornados* en nuestra profesión, nos será muy fácil cumplir con las exigencias de nuestros comitentes ó clientes y, nuestros honorarios, dentro de los parámetros de plaza, serán los respetados.

Un amigo y agente de nuestra empresa, Mr. Riadh el Hila, CEO de Show Logistics International Inc., Sunrise, US, dijo una vez que...

"cuando uno paga con maníes, solo consigue monos"

Y no creo que a ninguno de nosotros le gustaría ser considerado uno de estos hacedores de monerías.

Valga esto para entender que, si realmente somos profesionales, (no monos), nuestra tarea será tan bien valorada y remunerada como tan profesionales seamos. (no recibiremos maníes)

Comprendido esto, todo el resto es la ***simple*** tarea del Organizador de Eventos.

De nuestro espíritu empresario:

Entendemos que nuestra especialidad es un engranaje más dentro de la organización de un evento, y que como parte de ese conjunto de voluntades hacia el éxito, debemos profesionalizarnos y saber que los imprevistos, en nuestra tarea, pueden ser catastróficos.

Por ello, como parte fundamental de nuestro saber laboral, creemos que el éxito reside en que esos imprevistos dejen de serlo. Esto nos hace revisar permanente nuestra operación y la de nuestros proveedores, mantener la atención en cada paso, tratar de no dejar nada al azar y contar con un staff de primera línea, profesional, creativo, motivado para lograr soluciones, y como decimos mas arriba, utilizar el reloj, no el calendario, para manejar nuestros tiempos.

Este último párrafo no se trata de una recomendación, pero la práctica de estas premisas ha logrado colocar a HOBBITâ en la posición que hoy tiene en nuestra industria.

CAPÍTULO VII

La comida y el entretenimiento

En toda reunión la parte gastronómica ocupa un lugar preponderante. En cualquier época las fiestas y celebraciones estuvieron signadas por los grandes banquetes.

Es la forma de agasajar, de compartir, una muestra de amor y de afecto es la comida. Es la principal preocupación de cualquier anfitrión, de variar, ofrecer lo mejor, y sobre todo en cantidades suficientes para que no falte.

Pablo Neruda cuenta una anécdota digna de mencionarse: viajando por el interior de Chile, llega a una casa donde pide albergue. En ella habitaban tres damas francesas. Lo hacen pasar, lo invitan a comer...

...Salimos entonces a través de corredores helados para llegar al comedor. Me quedé atónito. En el centro de la estancia una mesa redonda de largos manteles blancos se iluminaba con dos candelabros de plata llenos de velas encendidas. La plata y el cristal brillaban al par en aquella mesa sorprendente.

Me invadió una timidez extrema, como si me hubiera invitado la Reina Victoria a comer a su palacio. Llegaba desgreñado, fatigado y polvoriento, y aquella era una mesa que parecía haber estado esperando a un príncipe. Yo estaba muy lejos de serlo. Mas bien debía parecerles un sudoroso arriero que había dejado a la puerta su tropilla de ganado. Pocas veces he comido tan bien. Mis anfitrionas eran maestras de cocina y habían heredado de sus abuelos las recetas de la dulce Francia. Cada guiso era inesperado, sabroso y oloroso. De sus bodegas trajeron vinos viejos, conservados por ellas según las leyes del vino de Francia.

A pesar de que el cansancio me cerraba de repente los ojos, les oía referir cosas extrañas. El mayor orgullo de las hermanas era el refinamiento culinario, la mesa era para ellas el cultivo de una herencia sagrada, de una cultura a la que nunca más regresarían, apartadas de su patria por el tiempo y por mares inmensos. Me mostraron, como burlándose de sí mismas, un curioso fichero.

—Somos unas viejas maniáticas —me dijo la menor.

Durante treinta años habían sido visitadas por veintisiete viajeros que llegaron hasta esta casa remota, unos por negocios, otros por curiosidad y algunos como yo, por azar. Lo nunca visto era que guardaban una ficha relativa a cada uno de ellos, con la fecha de la visita y el menú que ellas habían aderezado en cada ocasión.

—El menú lo conservamos para no repetir un solo plato, si alguna vez volvieran esos amigos.

Al retirarse el invitado o huésped, las damas escribían en un fichero. En él registraban los menús ofrecidos a los huéspedes, no fuera que sin querer pasara nuevamente por allí y le ofrecieran el mismo menú.

Tal cuidado es digno de personas de espíritu deseosas de brindar lo mejor.

El dar de comer se asocia con la vida, la amistad, el amor maternal, los epicúreos, los *bonvivants*. Y la comida es un acto social; los adornos, arreglos de mesa, cambios de mantel y de vajilla permanentes, el uso de candelabros, todo forma parte de la ceremonia.

Una de las principales preocupaciones es la elección del menú, las cantidades, las proporciones necesarias. El cuidado de que sea abundante sin que se desperdicie comida en cantidad excesiva, desde todo punto de vista, sea de la inversión, de la preparación, de la necesidad de infraestructura, utensilios, etcétera.

Deberá hacerse un cálculo evaluando, además por supuesto de la cantidad del público, la sede, la infraestructura que posee.

Si se puede acondicionar, como he comentado en el capítulo 6, o si es necesario alquilar heladeras, hornos, microondas, *rechauds*.

Habrá que analizar con el organizador las características del evento, si la gente estará de pie o podrá sentarse, si es una mesa americana y será *autoservice*, o si por el contrario estará atendida por mozos y camareras.

Es necesario conocer el momento del servicio, si durante el mismo se desarrollará un acto, si las personas se retirarán al finalizar la comida como en el caso de una reunión, o si continuarán trabajando como sucede en los congresos.

No deben servirse bebidas alcohólicas si se continúa con la actividad; deberá reservarse sólo para la noche. Cuando se realiza el cierre de un congreso o una convención al mediodía con un almuerzo, en esa circunstancia no habrá problema de servir ese tipo de bebidas porque los invitados luego se retiran.

Veamos los diferentes servicios de comida.

ALMUERZO

Para servir un almuerzo, que podrá ser formal o informal, deberá tenerse en cuenta, el tipo de reunión.

Si es almuerzo durante una actividad (congreso, convención, seminario, reunión para la prensa, etc.) deberá ser frugal, liviano. Según la época del año podrá estar basado en ensaladas y la duración del mismo no excederá la hora y media, pudiendo extenderse hasta dos horas. Si los participantes están sentados, podrá servirse un menú que requiera cuchillo y tenedor; deberá calcularse un espacio de 80 centímetros para cada comensal y un desplazamiento de la silla de un metro. El personal que estará a cargo del servicio deberá conocer el horario de inicio y de finalización, ya que la comida estará dentro del marco de reuniones de trabajo o de estudio. A este tipo de comida los comensales llegan prácticamente todos juntos y deben retirarse al mismo tiempo, por lo que todo debe estar preparado y bien organizado. En poco tiempo se sirve a una gran cantidad de personas.

La diferencia entre formal e informal radica en lo siguiente:

FORMAL: Los comensales están sentados, son servidos por mozos y camareras (puede que le ofrezcan la bandeja para que se sirva usted mismo, según las costumbres). Es una comida completa, con entrada, plato principal (uno o dos), sopa o *consomé,* postre, café y champán. Requiere mantel entero, que caiga casi hasta el suelo (no individual) y el color será preferentemente el blanco o natural.

INFORMAL: Cada comensal puede servirse acercándose a la mesa *buffet*; los manteles pueden ser individuales y de colores, o mantel entero fantasía.

Se podrá ofrecer un solo tipo de comida, como puede ser ñoquis, pastas, un guiso de lentejas u otro potaje. No será obligatorio un sitio asignado para cada comensal y podrán comer apoyando una servilleta sobre la falda si no hay espacio suficiente en las mesas, y por supuesto, no tendrán un lugar prefijado.

BANQUETE

El mantel, como el descrito anteriormente para el almuerzo formal, será entero, cubriendo las patas de la mesa hasta casi el suelo, sobre un moletón o paño para que resulte más cómodo (esto impedirá que se corra y se le hagan pliegues que puedan hacer caer una copa de cristal o simplemente dar una imagen de desprolijidad). En este caso deberá ser blanco o marfil, descartadas fantasías y otros colores, que si bien se utilizan en casamientos, fiestas de quince u otro tipo de reunión, la etiqueta exige que lo protocolar sea el blanco. La vajilla y cristalería serán acordes, pero para que no se preocupe si está incompleta, no necesita que todo sea del mismo juego por lo que podrá complementarla con otras piezas.

Será atendido por mozos y camareras, se servirán una copa o entrada fría, un *consomé* o sopa y uno o dos platos principales además del postre.

Generalmente, si es en una casa, salón importante o club donde se realiza la recepción, se invitará a pasar a otra sala o al living para beber champán y comer una torta o tomar el café, acompañado por *petit fours*.

BRINDIS

Se brinda por diferentes motivos, celebraciones, homenajes, festejos.

La bebida principal es el champán pero también puede hacerse con sidra, o cuando se hace imprevistamente, con vino.

El brindis se realiza cuando todas las personas tienen su copa en la mano, de manera que el que invita a brindar eleva la copa y todos los demás hacen el mismo gesto.

Para un brindis no es necesaria otra bebida ni comida, aunque en algunas ocasiones —si es lo único que se ofrece— se puede acompañar con algunos bocados.

Los mozos permanentemente deberán *bandejear* ofreciendo más bebidas y retirando las copas ya utilizadas.

BRUNCH

Es la combinación del *breakfast* (desayuno) y el *lunch* (almuerzo). Es una opción cómoda pues es un servicio más informal; no hay una rigidez en el cumplimiento del horario, los invitados pueden estar de pie, contando simplemente con mesas de apoyo. Se acompaña con café, champán y vino, y se realiza entre las 11 y las 14 horas.

COFFEE BREAK

Es el café que *corta,* se ofrece entre dos sesiones en un congreso, entre dos charlas, etc. Debe estar listo para ser servido en pocos minutos (entre quince y treinta minutos, el intervalo acostumbrado para el paso de una actividad a otra) a una cantidad de gente que variará de acuerdo con el tipo de evento. Se sirve café —a veces ya estará preparado en termos— y también se ofrece la opción del té, leche, agua y algún jugo. Puede acompañarse con *croissant,* alguna masa seca, bizcochuelo o sándwich.

Es necesario tener mesas de apoyo para que los participantes puedan acercarse a una mesa *buffet* donde esté todo preparado, servirse y luego alejarse para dar paso a los otros.

COMIDA CON MESA AMERICANA

Tanto al mediodía como a la noche puede ofrecerse esta alternativa, en la que cada persona se acerca a una mesa *buffet* o mesa americana donde están colocados los platos, los cubiertos, pan, servilletas, como en la comida informal que comento en el almuerzo. Según el tipo de comida o modalidad de la reunión, cada persona acerca su plato y se sirve o es servida directamente por un mozo.

En este caso obviamente son indispensables las mesas de apoyo.

Teniendo en cuenta que los invitados no están sentados, la comida que se sirva deberá ser fácil de trozar con el tenedor o estar ya cortada en pequeños trozos.

COCKTAIL

Este servicio se ofrece a partir de las 19 horas. Generalmente los invitados están de pie, por lo que se sirve comida que pueda tomarse con la mano: *fingerfood o bouchées*, bocados. Se puede complementar con cazuelitas, *brochettes.* Requiere vestimenta arreglada; para las damas puede ser largo o corto pero elegante y para los caballeros, traje oscuro.

DESAYUNO DE TRABAJO

Es una modalidad de trabajo. Durante el mismo podrá haber disertantes, y se aprovecha ese momento para realizar una reunión tratando un tema prefijado.

Al ser una reunión de estas características, la cantidad de personas no tendría que ser de más de diez o doce, si bien muchas veces se realizan con más participantes.

El servicio de desayuno es sencillo: café y té, lógicamente con leche, un budín, *croissant,* sándwiches y jugos.

VINO DE HONOR

Se ofrece durante un *vernissage,* o sea la inauguración de una muestra pictórica o en la presentación de un libro, al finalizar una charla o entregar un premio. Además de vino, se puede ofrecer un jerez, un vino dulce, vino blanco helado, champán.

Una vez que hemos definido los diferentes tipos de reuniones de acuerdo con la modalidad de la comida y bebida, veremos lo que atañe al personal, mozos y camareras, su vestimenta, su imagen.

VESTIMENTA DEL PERSONAL

Así como se tiene en cuenta y hay una verdadera preocupación por el aspecto visual de la mesa, sus elementos, la decoración con candelabros, centros de mesa y tarjetas de sitio, de la misma manera se debe tener en cuenta la vestimenta del personal.

Mozo, camarera, *sommelier, maître, garçon*, ocupan un lugar importante que se debe tener en cuenta en el momento de pensar en la imagen que uno desee proyectar. Puede ser el distintivo que también nos caracterice, que además de ser parte de nuestra empresa dé un toque diferente a la reunión. Muchas veces el momento de iniciar el servicio —o sea la campana de largada para servir la comida— se realiza con música, efectos lumínicos, estruendos, por intermedio de un *show* o espectáculo.

En algunos países la vestimenta es variadísima, con características de esa región; en otras ocasiones se podrá recrear con colores acordes con la empresa, el ámbito y el estilo. Una camarera vestida de paisana, muy apropiado para una reunión al aire libre o un asado en el campo, no quedaría bien ni sería el toque adecuado en un banquete.

En algunos hoteles y restaurantes de Europa he visto mozos vestidos como verdaderos generales: con charreteras, galones dorados o plateados; realmente llamaban la atención por su belleza, con sus guantes blancos y camisas impecables, lo que jerarquizaba el lugar y la reunión.

Algunas variantes:

HOMBRES:

- Pantalones negros o grises rayados con tiradores al tono o contrastantes.
- Pantalones cuadrillé (que dan otro estilo), también con tiradores fantasía.
- Fajas de colores (pueden ser las que se utilizan para el smoking).
- Moñitos nudo de colores al cuello, haciendo juego con la faja o con el chaleco.
- Pañuelos al estilo campestre anudados en el cuello.
- Boinas y bombachas.
- Polleras largas cruzadas.
- Delantales largos de lino, brin, brocato.

- Camisas rayadas con tiradores estilo *far west*.
- Camisas con cuello tipo "mao".
- Todo tipo y color de sacos smoking.

MUJERES:
- Delantales largos de todo tipo (lino, brin, brocato).
- Polleras largas de raso, brocato.
- Polleras paisanas.
- Delantales y blusas de encaje.
- Saco smoking.
- Fajas de raso (tipo smoking).
- Vestidos o camisas estilo "mao".
- Polleras de jeans con tiradores y camisas en comidas para jóvenes o al aire libre.

Problemas:
Veamos algunos de los problemas que se presentan en el área comida y personal.
- Se alarga mucho, no se han cumplido los horarios (por ejemplo, en el desayuno) y las personas tienen que retirarse.
- Faltan mesas de apoyo.
- No se puede retirar la basura en el momento.

Sugerencias
- Indispensable, cumplir con el horario.
- Las mesas de apoyo a veces se arman con banquetas plegadizas sobre las que se colocan unas bandejas grandes (de 0,60 o 0,70 centímetros de diámetro), con manteles.

En todos los casos habrá que evaluar los requerimientos de infraestructura. Hay sedes preparadas para reuniones, en ese caso estarán contempladas las cocinas, los hornos, las heladeras, los montaplatos, las mesas de apoyo. En general hay comodidad, si no habrá que improvisar los lugares de almacenamiento de la comida.

También habrá que tener en cuenta el horario en que se pueden entrar y sacar la mercadería, la basura, los residuos, la vajilla, el hielo, etc. Muchos lugares tienen horario de entrada de elementos, el que habrá que manifestar a los proveedores.

ENTRETENIMIENTOS

El juego ha sido, a través de Freud y los estudiosos de la mente, una forma más del hombre para expresarse. En diferentes tipos de reuniones, bajo esta consigna se ofrecen entretenimientos. Estos dependerán de la edad, el ámbito y los objetivos del evento.

¿Qué se busca con el entretenimiento? Siempre está latente en el adulto el espíritu del niño, y a través del juego se llega a integrar, a comprender, a asimilar más fácilmente un aprendizaje que de otra manera sería más arduo y difícil de adquirir.

Cada vez se recurre más a menudo a este recurso como medio de comunicación para llegar al participante o individuo. Siempre a través del juego, se puede lograr:

- Integrar
- Distender
- Despejar la mente
- Rescatar la nostalgia
- Volver a la infancia

¿Qué debe analizar un entretenedor, un recreólogo?: hora, lugar, tipo de público, espacio cubierto o abierto, en qué momento se instrumenta el juego, cómo es el programa, qué hay antes, qué sigue después.

Si hay dificultades de integración entre los participantes, a veces se trabaja junto a un psicólogo que propone los juegos.

A veces los asistentes se conocen y se aprecian; en otras ocasiones puede que no se conozcan y a la fuerza deben integrarse. Cada uno sentirá y opinará en forma diferente; que no esté de acuerdo o aun que esté a disgusto crea fuertes resistencias. A través de los juegos se pueden detectar situaciones y se vivencian otras posibles que ayudan a resolver conflictos.

Los entretenimientos pueden ser:
- juegos de destreza
- de inteligencia
- de memoria (frases, canciones, imágenes, historias, payadas, improvisaciones)
- de habilidades, para cocinar, enhebrar, trepar, andar en bicicleta

- de aptitudes (el tiro al blanco, el equilibrio, la danza, la música, el canto)
- de azar (casinos, ruletas, máquinas tragamonedas)

Pero también se presentan problemas e imprevistos.

Principales problemas:

- Que los participantes "no participen".

Esto ocurre por varios factores que deberán analizarse:

- No es el tiempo adecuado.
- No se rompió el hielo.
- El animador no logra la participación.
- Se le va de las manos.
- No maneja los mismos códigos.
- No habla el mismo idioma.

Sugerencias:

- Servir comidas y bebidas.
- Rearmar los grupos.
- Variar la forma de integración.
- Variar la tónica del juego.
- Sorprender.

Es muy difícil relacionar a las personas desde un primer momento, principalmente si son desconocidas. Después del *coffee break*, de un trago o unos bocados, se hace todo más fácil. Mucho más, después de una comida y si se han tomado bebidas alcohólicas; en estos casos la integración se hace más distendida. También dependerá de si son grupos de trabajo, de estudio, de empresa o en el ámbito de una reunión social.

En el caso de que preparemos nosotros algunos entretenimientos, podemos pensar en "Rescatar la nostalgia", por ejemplo, para personas mayores: recrear juegos de su infancia, la payana, la rayuela; los jóvenes se inclinarán por lo que representa la tecnología, la destreza, la habilidad.

El problema de la programación basada en juegos y entretenimientos es que esté todo tan pautado que no se dé libertad al invitado. Me comentaban unos alumnos que habían ido a un casamiento que duraba un día en el campo y era todo tan organizado, todo estaba tan cronometrado, que se sintieron como chicos en colonia de vacaciones. Que si bien en determinado momento les agradó, finalmente resultó cansador y los que tenían previsto quedarse todo el día terminaron retirándose al poco tiempo.

Hay que saber medir los tiempos.

CAPÍTULO VIII

Públicos & respeto

Al organizar un evento, al concebirlo o al encargarlo a terceros, siempre se hace —o debería hacerse— pensando en la persona a quien estará dirigido: el público. No existe evento sin público. Podemos hablar de eventos que se transmiten por televisión o radio, en esos casos no está el público presente en forma directa, pero aunque esté siguiendo ese espectáculo desde su casa, siempre es un espectador, es el que lo mira, es la persona que lo recibe, para quien se trabaja, en quien se pensó.

Se evaluó edad, sexo, en ciertos casos también intereses, nivel económico, profesión, experiencia, idiosincrasia. También habrá diferenciaciones en la modalidad y programación según el país o la ciudad en que se realicen, teniendo en cuenta el clima y la temperatura; como el desarrollar eventos al aire libre, que en algunos casos es totalmente imposible. Por lo tanto, debemos tener en cuenta todos estos aspectos.

El evento incide sobre los sentidos y el sentimiento pero interesa a la mente, al intelecto, para interpretar, estudiar, evaluar, comparar o recordar.

LOS SENTIDOS

La vista

Se mira: en una fiesta observamos cómo está puesto el servicio en una mesa, la decoración, el arreglo de flores, la ambientación con globos, cortinados o alfombras especialmente colocadas para dar calidez o suntuosidad. En un Congreso, miramos la disposición de las banderas, el orden de los lugares para los disertantes en el estrado con sus correspondientes carteles identificatorios. Nos ubicamos en un sitio y seguimos la señalización; por ejemplo, en una exposición nos guían y delimitan los espacios públicos, nos indican los accesos y las salidas. De repente nos llama la atención la panelería de los stands o un stand en particular, por el diseño, los colores, la forma; nos atrae el armado de una pasarela y por supuesto lo que desfilan: los modelos, los uniformes, la vestimenta.

Vemos videos tanto en la presentación de un producto como en una fiesta de casamiento que nos hace partícipes de la vida de los novios, o que se utilizan como apoyo visual de una conferencia.

Miramos lo lindo y lo feo, lo que está para mostrarse y lo que no debía ser visto, miramos sin querer y observamos lo que nos interesa.

Sugerencias:

- Sectorice los espacios con luces, paneles o colores.
- Coloque carteles indicadores; por ej.: "No pasar".
- Oscurezca lugares que no deben ser vistos.
- Coloque biombos, paneles, cortinados, falsas puertas, si tiene que achicar un espacio o disimular algo.
- Coloque plantas que impidan una clara visión del ángulo que desea ocultar.
- Ponga vallas con cordones para separar o limitar un acceso.

EL OÍDO

Se escucha: palabras, música (o ruidos molestos, martillazos, interferencias), conversaciones, discusiones, reclamos, agradecimientos, felicitaciones, disertaciones o música.

El oído es un órgano muy sensible y la costumbre de elevar los decibeles a niveles extremos trae aparejados graves problemas. Una reunión puede fracasar por sonidos demasiado elevados o, por el contrario, porque son tan bajos que dificulta la correcta audición.

Se puede marcar el inicio de una charla con silencio, se juega con el sonido y el silencio y ese cambio indica que algo va a suceder, es un llamado de atención.

Si en alguna ocasión usted debe hablar ante un público determinado, está en el escenario o en el lugar asignado y la gente sigue conversando, no hable, quédese callado, espere, no importa el tiempo (verá que son sólo segundos aunque le parezca una eternidad) y que poco a poco todos se irán silenciando. Recuerdo una presentación en el Plaza Hotel, cuando un disertante subió al escenario, el conductor lo anunció y nadie le prestó atención porque cada uno estaba distraído comiendo y conversando, el locutor insistía y el anfitrión, en esa situación tan desairada, pedía que por favor se callaran. El silencio y la atención necesaria se logran con... silencio.

Sugerencias:
- Pruebe los equipos de música.
- Trabaje con un técnico que le indicará los lugares donde se producen o no los acoples.
- Calcule los decibeles pensando en la persona que tiene el parlante a su lado.

EL TACTO

Se toca: nos llevamos un souvenir, probamos la textura de la tela del mantel o la seda de un elemento de la decoración, tomamos una copa y sentimos su humedad o el frío de la bebida. Acariciamos, a veces de forma mecánica o inconsciente, la flor que nos han regalado o que estaba sobre una mesa y la levantamos.

Apreciamos la textura de un programa de mano hecho en papel reciclado, o una hoja de papel ilustración que nos entregan con un texto impreso en la presentación de un libro.

Sugerencias:
- Si hay elementos delicados, piezas de arte, etc., coloque carteles "No tocar".
- Coloque cordones que impidan acercarse.
- Obsequie algo: un señalador en la presentación de un libro, un bouquet de flores en una reunión social, entregue una carpeta o un programa; al llevar ese elemento consigo es como prolongar el recuerdo de la reunión. ¿Le ha sucedido en alguna oportunidad acariciar inconscientemente un "souvenir" o una tarjeta que lleva en el bolsillo?

EL GUSTO

Se degusta: el aspecto gastronómico juega un rol preponderante en un evento; son escasísimos los eventos en los que no se come o bebe, aunque sea un café o una bebida refrescante, alcohólica o no, según los casos. Forma parte de tal manera de una reunión que no puede pasar inadvertido, sino que por el contrario generalmente es la base de la misma.

De ahí que, en algunas ocasiones, también en el momento de hacer el presupuesto este aspecto tenga que evaluarse debidamente. Y podemos agregar que el sentido del gusto está íntimamente ligado a lo visual, por lo que los manjares y bebidas se ofrecen con distintas ornamentaciones y decoraciones. Vamos desde las decoraciones con esculturas de hielo hasta lo flambeado, lo envuelto en llamas, y muchas veces se oscurece el ambiente para que se luzca más. Es decir que se comienza por lo visual para atraer la atención de los invitados y eso los hará desear probarlos.

Para más detalles véase el capítulo 7.

EL AROMA

Se siente: esta acción involuntaria, pues aunque no lo deseemos el olor nos llega, a veces no se puede impedir. Pero se puede perfumar un espacio, esparciendo aromas y neutralizando el olor desagradable de algunas comidas, pinturas fuertes, fluidos o ácidos que pudiera haber en el lugar.

Todo esto deberá tenerse en cuenta para lograr un ámbito agradable y que todo sea armónico hasta en este aspecto.

Sugerencias:

- Recorra la sede en funcionamiento para evaluar el alcance de los aromas y olores de la cocina y sanitarios.
- Coloque aceites aromatizantes, velas perfumadas y desodorantes de ambiente que puedan ayudar a neutralizar esos olores.

Hace unos años la Galería Zurbarán, junto a Therese Kendal del Beauty Shop del Patio Bullrich, se unieron a la firma Orlane con su perfume Fleurs d'Orlane y el pintor de flores Juan Lascano e hicieron una muestra de flores y aromas, con sus pinturas, perfumes y comida. Aunaron los sentidos en un evento que contempló todos estos aspectos.

LAS EXPECTATIVAS Y LOS SENTIMIENTOS

Cuando se asiste a una reunión o acto cada uno irá con sus propias expectativas, esperando algo. Ese algo varía si uno es el invitado de honor o el jurado en una entrega de premios, o si es el premiado.

Haremos una evaluación de cada una de las características de estas propuestas para analizar lo que debamos ofrecer.

CLASIFICACIÓN DE LOS PÚBLICOS

Podemos separar el tipo de público en tres clases.

1) Público selecto, ideal.
2) Público obligado.
3) Público circunstancial.

De acuerdo con este análisis veremos que su actitud, su capacidad de atención, de disfrutar, de estar permeable para recibir distintas propuestas serán diferentes en cada caso.

Una de las premisas a tener en cuenta es que si ya conocemos el horario de finalización del evento y se indica en la invitación o programación, la atención también cambia porque uno sabe a qué hora se retirará. Esto modifica nuestra actitud, nuestra posibilidad y capacidad de espera.

Especificando y subdividiendo a su vez los públicos, podemos hablar de:

1) Invitado
   - Invitado
   - Invitado de honor
   - Por compromiso
2) *Bouche trou*
3) Espectador
   - Pago
   - Gratuito

4) Espectador fantasma
5) Participante-asistente
6) Visitante
   - Profesional
   - Público en general

Veamos un poco la diferencia entre cada uno de estos públicos para que cuando pautemos el evento lo hagamos siempre pensando en las motivaciones y expectativas, para que puedan ser satisfechas.

Invitado: En base al tipo de evento, las características, el espíritu del mismo y su público específico, evaluaremos las actitudes y situaciones que se presentan en cada caso, para una mejor comprensión de las reacciones y posibles soluciones.

Para un ordenamiento nominaremos:

Invitado es el que va a una fiesta, una reunión social, el que asiste porque lo han convocado.

Participante es el que participa de un Congreso, o un Seminario.

Público o visitante es el que concurre a una feria, exposición.

Espectador es el que asiste a un espectáculo.

Tomemos el ejemplo de lo que significa ser *invitado,* y para ello vale este ejemplo de la tolerancia.

LA TOLERANCIA

Un buen organizador, como así también el anfitrión, debe tener en cuenta este aspecto tan valioso en algunas circunstancias.

Una anécdota comenta del presidente de un país, que teniendo un invitado éste bebió el agua del recipiente para enjuagarse los dedos, por lo que él hizo lo mismo para no hacerlo sentir incómodo por su *gaffe,* y continuaron la comida.

Una vez más reconozco que casi nunca los hechos son casualidades en la vida. Un amigo me invitó a comer para presentarme a un matrimonio. No sé en qué momento surgió el tema de la tolerancia, justo cuando daba los primeros pasos de este libro. Era en relación a recibir en su casa, a la importancia de la amistad, al hecho de invitar, y Riadh el Hila me comentó las costumbres que se respetaban en su casa paterna: *El invitado es la persona a quien tenemos que agasajar*, me dijo, *al que nos debemos, al que tenemos que hacerle pasar un momento agradable*.

Continuamos la conversación y me explicó sus costumbres.

Según su modalidad, este tunecino me contaba que en su casa siempre había lugar para una persona más. La primera vez que ese invitado era recibido lógicamente no estaba al tanto de las costumbres de la familia, por lo cual actuaba a su modo. Por eso, siempre que los hábitos de esa visita no atentaran contra las normas de la casa, el invitado era respetado y aceptado, es decir que *se toleraba* su desconocimiento. Pero esto ocurría la primera vez, a partir de ese acontecimiento, si esa persona visitaba nuevamente la casa y reiteraba lo que podría ser un error, descortesía o mala educación, ya no se le permitía el equívoco, por lo cual el anfitrión tenía derecho de recriminarle y señalarle el error. Interesante, ¿no?

Pero volvamos a la tolerancia: el que tolera es un espíritu superior, es un ser que está por encima del otro, ya que el otro no tiene ese conocimiento (recordemos que uno de los conceptos de líder es que *líder es el que posee conocimientos*).

A su vez la persona que se da cuenta de que está siendo tolerada, se siente incómoda; no en vano estamos debiendo un favor, la gracia de habernos tolerado, de permitirnos errar, cometer una *gaffe* (error social). En cierta medida dispensamos, perdonamos el desconocimiento, la falta de formación, educación, cultura, o información, pero una persona que se maneja en un mundo social tiene que estar preparada para actuar como corresponde.

El invitado puede sentirse un prisionero en determinada situación, y no lo será en la medida en que el anfitrión actúe correctamente y haga todo lo posible y más para hacerlo disfrutar y actúe acorde con su invitado.

Si la comida no es buena o si es insuficiente o llega a destiempo, si no se le da la posibilidad de conversar y no se lo ubica con las personas con las que podrá relacionarse, si no se lo atiende, si no se escuchan sus requerimientos, sentirá que no lo han tenido en cuenta, que no pensaron en él, que está perdiendo el tiempo y, lo que es peor, hasta jugando son sus sentimientos.

Problema:

Me contaba un hermano que en un colegio de alto nivel económico y sociocultural organizó una reunión de padres en el campo de deportes.

Por inexperiencia no calcularon la cantidad de personas que asistirían cuando lo que se ofrecía era un asado. Al no prever la cantidad, los horarios en los que debía servirse, las necesidades de vajilla, enseres, bebidas y refrigerios, llegada la hora del almuerzo no tenían en qué servir y lo que alcanzaba se servía completamente a destiempo. El clima se fue poniendo tan tenso que los invitados, malhumorados, comenzaron a retirarse.

La reunión, que debía ser una jornada de agrado y encuentro, se transformó en una fuente de enojos y maltratos.

¿Qué debió hacerse en este caso?

Sugerencias:

Lo fundamental es conocer la cantidad de asistentes, aunque no siempre es fácil. Si la convocatoria se hace con venta anticipada, puede ocurrir que el alumno o el participante adquiera la entrada y luego no asista. El margen o estadística de la cantidad de personas que responderán afirmativamente a una propuesta es muy difícil de evaluar, dependiendo de varios factores:

- Tipo de reunión
- Hora
- Lugar
- Programa
- Fecha
- Poder del convocante
- Memoria de eventos anteriores (bien o mal organizados)
- Otros eventos en paralelo
- Costo, si lo hay
- Programación
- La anticipación con que se dio la información
- La experiencia del organizador
- Referencia de otros asistentes

El asado o parrilla es más complicado cuando no se tiene la infraestructura adecuada, y en el sentido de que no se puede hacer anticipadamente y se cocina lo que se calcula que se va a comer.

El hecho de haber querido organizar una jornada campestre o este tipo de reunión implica que el invitado sabe que el horario no es tan rígido como por ejemplo para el inicio de un congreso.

Seguramente los asistentes se habrán trasladado desde algún lugar distante, por lo que se les abrió el apetito.

También para estos eventos que no exigen una invitación formal con la obligación de responder, ni tampoco venta previa de entradas o tickets, es más difícil calcular los que pueden asistir. También influirá el clima; un día soleado motiva más que un día frío o lluvioso.

El hecho de no ser una invitación personalizada permite que el invitado asista con algunas personas que hubiera anunciado previamente pero también que a último momento se agreguen familiares y amigos, entusiasmados con la propuesta de una día al aire libre o de comer un asadito que siempre atrae.

El organizador podrá comprar un diez por ciento más de carne, chorizos o achuras, pero no para un cincuenta por ciento más; es difícil de transportar, de guardar lo que sobre o repartir entre los asistentes al finalizar la comida.

Sugerencias:

- Calcule de más; la comida que sobre puede venderla a menor precio.
- Haga un remate, puede resultar un momento agradable si además se lo hace en forma de juego. Esto beneficia al invitado que vuelve a su casa con la comida lista para la noche, a bajo precio, y al organizador, que de esta manera no le sobra nada y además puede ofrecer un porcentaje para la institución, sobre todo en reuniones organizadas por alumnos o para la cooperadora, o algún rédito económico para el colegio.

¿Se ha puesto a pensar que el invitado está a merced del anfitrión?

Imaginemos la escena: compartimos la mesa con quien él ha decidido, comemos lo que ha elegido y en algunas reuniones, por ejemplo en una comida formal, tenemos que quedarnos hasta que se sirva el café y no podemos retirarnos antes que el invitado de honor, y partir cuando él lo decida, aunque hubiéramos deseado hacerlo antes. En algunas fiestas de casamiento, los novios se sacan fotografías al finalizar la ceremonia o al salir de la iglesia o templo y los invitados deben esperan a que ellos lleguen a la reunión. Pensarán en los abuelos, madrinas u otras personas mayores de la familia e invitados que se ven obligados a esperar horas antes de que la pareja decida volver a la fiesta, si es que el fotógrafo de moda lo permite. Esa espera genera cierto malestar, mayor aun en muchas oportunidades en que los invitados están de pie, con sed o apetito.

Por suerte, ya se ha tomado conciencia de ello y se comienza a servir el aperitivo —lo que llamamos *recepción*— sin esperarlos. De esta manera los novios se quedan tranquilos para llegar a tiempo para la comida en sí, sin que los invitados deban sufrir por esa demora. Esto es simplemente por citar un ejemplo y comenzar a entrar en tema.

En base a la otra cara del evento, al *backstage* del que asiste, he escrito estas páginas para actualizar, informar, aclarar conceptos, compartir experiencias que ayuden a que los encuentros sean cada vez más exitosos.

Y no olvidemos que necesitamos de la retroalimentación, del reconocimiento que es lo que nos estimula para seguir en esta actividad: la felicidad de los novios porque la fiesta resultó como la habían soñado, la satisfacción del comerciante porque incrementó sus ventas luego de la presentación de un producto, o de la institución que dio la imagen que se había propuesto en la última exposición.

Volvamos a los invitados.

REUNIÓN SOCIAL

Se supone que el sentimiento que mueve a organizar una reunión social es el afecto, queremos estar con familiares o amigos. Deseamos recibir, compartir, agasajar, lucir nuestra casa nueva. En algunas situaciones puede haber un segundo objetivo no tan genuino.

Pero si nos basamos en el real sentido de la invitación y el afecto por el invitado, éste al serle participado nuestro sentir también se imagina, cree, revive, recrea, piensa, sabe, a nivel consciente o inconsciente, distintas imágenes y sentimientos que le hacen aceptar, rechazar o posponer esa invitación. Cuando hablo del respeto al invitado es porque realmente uno se prepara para asistir a una reunión, se ilusiona, espera.

¿Qué esperamos? En nuestra vida de relación, algunos en mayor medida otros menos, según el ritmo social o el tipo de amigos y reuniones a las que se asista, será mayor o menor el entusiasmo, la ilusión o la expectativa ante un evento.

Tanto las mujeres como los hombres pensamos en la ropa, en los amigos que encontraremos, en la gente nueva que conoceremos, en la fantasía o la seguridad de pasarlo bien. Nos servirán manjares (demasiada cantidad en algunas ocasiones).

Nos olvidaremos de los problemas cotidianos y compartiremos conversaciones interesantes o no.

Hay días en que tenemos más de una reunión superpuestas (nos pasamos un tiempo sin nada y justo coinciden las dos invitaciones el mismo día), entonces se debe optar por el amigo más íntimo o por la reunión que nos parece será mejor y otras consideraciones que nos llevan a elegir una y desechar otra. O sea que dejamos de asistir a una de las dos o tres reuniones que por casualidad tenemos en el mismo día. Si tenemos hijos pequeños a veces hay que acomodarlos, contratar personal idóneo o llevarlos a casa de la abuela (madre o suegra), con la complicación que en algunos casos esto implica. Al pensar en la vestimenta, siempre nos parece que nos falta algo, o que ya lo usamos en la reunión anterior y queremos lucirnos (o la prenda que nos agrada nos hace parecer excedidas de peso), entonces hay que partir a comprar y a lo mejor ése no es nuestro mejor momento financiero y el presupuesto no lo esperaba.

Puede ser que la fiesta se realice en un lugar alejado de nuestra casa. Si tenemos movilidad propia no hay problema, pero en caso contrario los horarios y las distancias dificultan las cosas. Habrá que pensar en contratar remís, taxis, etc.

Hago tanto hincapié en todo esto porque nos preparamos para algunas reuniones, en algunas ocasiones más que en otras, con los pasos de un ritual.

¿Qué significa esta palabra? Una ceremonia, la preparación para algo siguiendo ciertas pautas preestablecidas, una organización interior y exterior.

El día señalado llegamos y allí ya es responsabilidad del anfitrión, del invitante que sepa ejercer el arte de recibir, de agasajar.

Un anfitrión nos da su parecer:

Quién de nosotras no ha tenido invitados en su casa a comer, tomar café o a tomar té. Muchas hemos alquilado también una casa o salón, ya fuera por la cantidad de gente o por comodidad.

Según el diccionario fuimos y somos para nuestros "convidados", sus anfitriones.

Personalmente, prefiero ser la anfitriona de pequeños grupos de invitados porque más que llamarlos para combinar un día, más que llamar a mi cocinera de confianza para que no se comprometa, no se me ocurre nada hasta el día anterior. Es entonces cuando pienso en cada uno y en todos se me ocurren cosas como decorar la casa, el tipo de comida que puede gustarle a todos; si no conozco los gustos de alguien averiguo y le hago otro plato. También se me ocurre tal o cual plato o postre para hacer yo (siempre hago uno); qué regalitos poner al costado; algunos, como tarjetas pintadas o servilleteros que trenzo y tiño, otras veces compro cosas que me gustan para cada uno (que son más papel y moños que regalo). Al ser pocos puedo tener tiempo para hacerlo, de otra forma sería imposible.

Me gusta agasajarlos con estas sorpresas, que serán una tontería pero no se las olvidan; dedicarle tiempo al arreglo de la mesa y a los centros. Generalmente hago dos diferentes para ver cuál queda mejor; le doy mucha importancia a la mesa, los colores de platos, individuales o manteles; soy muy detallista, aunque comamos ñoquis, fideos o pizza.

Por ejemplo: para el cumple de uno de mis chicos (treinta años, porque ahora les festejo una sola fiesta) que es fanático de las películas de terror, se me ocurrió dos días antes que como le apasiona desde hace décadas ese género, hacerle una fiesta... negra.

Fui a un cotillón y compré papel negro para el mantel, platos, cubiertos y platos de plástico negros, yglobos negros. Les avisé a todos que vinieran de remera y pantalón o pollera negros. Detalle; las flores con tallos solamente (ahora se usan, hace tres años no).

Compré un bizcochuelo de chocolate cuadrado (porque no sé hacer tortas) y lo bañé de chocolate con anilina negra.

Compré mazapán (que con anilina negra quedó gris) e hice dos paredes; dos sillas y dos copas (que pinté de rojo); los dos personajes: El conde Drácula (con su capa y puro colmillos) y Frankenstein (con cara de bueno), ambos sostenidos por palillos porque si no se caían.

Con azúcar (que quedó gris) hice unas arañitas y las pegué en las paredes y una en la mesa; más varios ratones, que se los reconocía como tales por los bigotes y colas.

No sé cuánto habrá disfrutado Paul de su fiesta, pero yo me divertí tanto mientras iba armando todo que no me cambiaba por nadie.

Así como podemos no tener contratiempos, los imprevistos no piden permiso y aunque nos puedan dejar mudos de angustia encontraremos como sea la forma de solucionarlos.

Por ejemplo: se casaba mi hija y decidió que todo fuera en la quinta, a fines de abril, ¿calorcito?, ¿fresquito?, ¿sol?, ¿lluvia?

Esta vez fui organizando todo con tiempo. Estuvo frío hasta tres días antes; planté miles de violetas de los Alpes, y bien grandes; más para la pileta porque la nena quería flores acuáticas con sus hojas, así que también las conseguí.

Todos los que creen que por hacer algo así de simple en tu casaquinta y un asado te sale más barato... no es así. Además, si algo salió un poco menos fueron las flores.

Dos días antes, el calor más mosquitos más sol rasante... empiezan a caerse las violetas y a chuparse las divinas flores de la pileta.

Diecisiete horas antes del casamiento —que además sería al mediodía—, las violetas estaban acostadas (alias muertas). Adiós flores y hojas en la pileta y yo, al vivero, mientras fumigaban debido a la cantidad de mosquitos.

Miles de flores más (no violetas) que a las veinticuatro horas de ese día terminamos de "meter" con macetas en los agujeros que iban dejando las violetas, más hacer ramitos de tres rosas y a la heladera.

A las seis y media del día siguiente, amanezco con un ojo cerrado por la alergia... Con saquito de té y hielo en el ojo pude ordenar que volvieran a fumigar a las ocho y media. Nos fuimos a colgar carteles indicando el lugar de la capilla porque los encargados nunca llegaron.

Bueno, todo estaba bajo control, hasta mi ojo bajo el ala del sombrero. Ni un mosquito, día radiante, carpa perfecta, ramitos al agua, novia divina en la capilla, casada al fin.

Todo terminó a las 19.30. Unos cuantos se quedaban a dormir. Abro la heladera, tomaríamos champán para festejar que todo salió bien... pero ¡sorpresa!, todas las tortas y cosas dulces para el té, me miraban aburridas de estar allí dentro. ¿Cómo no me di cuenta de que algo faltaba?

Bueno, pensé, ya fue y la novia estaba tan linda que nadie notó nada (quise suponer).

Tomamos champán y comimos muchas tortas.

Gracias por permitirme expresarme...

Mónica del Villar

EL INVITADO NÚMERO 13

Uno de los problemas habituales es el invitado número 13. Si por alguna circunstancia llegamos a ese número, veremos las opciones para los supersticiosos.

Obviamente lo más fácil es optar por invitar a otra persona, cuando tenemos el tiempo suficiente para hacerlo, pero de no ser así...

Sugerencias:

- Si tiene armada una mesa banquete con lugares asignados, desármela.
- Haga una mesa americana o *buffet* con los invitados sentados en distintos lugares, sillones, sillas.
- Arme dos mesas y ubique 6 y 7 personas, aunque estén una al lado de la otra, al estar repartidos se neutraliza.

REUNIONES NUMEROSAS

Problemas:

En reuniones de hasta quince personas los anfitriones pueden conducirlas sin problemas. Pueden atender y ocuparse de todos los invitados, pero en fiestas numerosas, casamientos, cumpleaños, etc., el anfitrión no puede estar permanentemente con todas las personas, por eso la ubicación de los comensales en las mesas es lo que ayuda al éxito de la reunión.

Sugerencias:

Primeramente, ubique en la misma mesa a personas que puedan tener alguna afinidad.

Dependerá de la forma en que se realicen las presentaciones, de los datos o mínimas referencias que se den de cada uno para iniciar conversaciones, buscar puntos en común, gustos, valores similares o que puedan coincidir con algún tema o interés mutuo. De esta manera el anfitrión puede estar tranquilo de que en cada mesa los invitados tendrán temas de conversación.

En reuniones empresariales o profesionales y actos sociales de algunos eventos, como en el caso del acto de apertura, almuerzo o cena de clausura de congresos y exposiciones, principalmente es una relación comercial o empresarial la que predomina. En esas circunstancias el organizador también deberá ocuparse de asignar el lugar a personas de igual jerarquía, empresas o categorías similares, priorizando esa relación.

INVITADO DE HONOR

Es una persona que por alguna característica merece un trato especial y se le confiere ese título: el *invitado de honor.*

Ubicación: Gozará de ciertos privilegios, se le ubicará en un lugar preferencial, será a la derecha del anfitrión o en el centro de la reunión, sea en la mesa, en el estrado o en un palco.

Puede que se le entregue un premio, una distinción o se le dirija un discurso.

Esa persona será el centro de las miradas.

Problemas: Si es una persona acostumbrada a halagos, se sentirá cómoda, pero puede ser que sea la primera vez que vive una situación de esa índole o que simplemente esté conmovido por el honor que se le confiere. Puede ocurrir que no se sienta a gusto por demasiada modestia o timidez, por lo tanto debemos evitar que viva ninguna situación desairada o que lo intimide.

Sugerencias: Será conveniente que esté siempre acompañado por alguna persona del comité de recepción, por familiares, amigos o colegas.

Se contemplará la necesidad de ir a buscarlo en un automóvil directamente a su casa, lugar de trabajo, hotel, etc.

No hay que tomarlo de sorpresa. Habrá que informarle sobre la programación, quiénes son los otros invitados o personalidades que lo acompañarán.

INVITADO POR COMPROMISO

Problema:

Sucede que en algunas ocasiones, distintas circunstancias nos obligan a invitar a una persona que no goza de todos nuestros favores.

Sugerencias:

No deberemos transmitir nuestros sentimientos ni tampoco comentarlo con otras personas a las que podamos influir.

Por otro lado, también se da el hecho de que debamos asistir a una reunión sin desearlo. Los compromisos pueden ser de índole familiar, profesional o una reunión empresarial, y no podemos desairar a nuestro jefe, superior, colegas o compañeros.

BOUCHE TROU

Es la persona que ocupa un lugar vacío, o sea el espacio destinado a otra persona que no se hizo presente. En muchas ocasiones, como en entregas de premios, cuando una persona se levanta de su asiento otra ocupa inmediatamente ese lugar. Esta modalidad se aplica, por ejemplo, en la entrega del Premio Nobel, se hace porque no es agradable ver lugares vacíos y puede suceder que a lo mejor en el momento en que la persona se levanta para recibir su premio, la cámara hace una toma sobre ese sector y se transmite esa imagen con una o más butacas vacías que dan lugar a suponer que es alguien que faltó a la cita.

Protocolarmente se cuenta con una persona de nuestra confianza, un *bouche trou* que sabe su función, que en ese momento está en lugar de otro, conoce la finalidad de esa acción.

También se los convoca cuando queremos confiar de que esa persona cuidará de un asiento reservado. Cuando llega el titular se pone de pie y se retira. Esta es la única forma de asegurarse de que ese lugar no será ocupado por quien no le corresponde.

INVITADO EXTRANJERO

Problemas:

a. No habla nuestro idioma.
b. No conoce nuestras costumbres.

Sugerencias:

El protocolo se ha ocupado de pensar en él y en cómo hacerle más agradable su estadía, para ello:

- Ubíquelo en los costados de la mesa, nunca en el extremo ni en la cabecera. Deberá estar acompañado por alguna persona que conozca su idioma, y de ser posible dos, una de cada lado.

- Infórmese de sus costumbres, algunas religiones prohíben una determinada comida y lo que para algunos es común o habitual a otros les puede crear un grave conflicto, por ejemplo: el correcto uso de los cubiertos o gustos a los cuales no está acostumbrado. (En el elegante y silencioso comedor de la Sociedad Rural Argentina, un alto ejecutivo japonés hacía ruido al tomar su sopa; era la forma de expresar que estaba caliente, como correspondía, y no fría.)

ESPECTADOR GRATUITO O PAGO

El acceso a un espectáculo puede ser gratuito o con entrada libre o, por el contrario, con un valor determinado. Lógicamente, según el espectáculo, artista, o popularidad, variará su precio. Es diferente la actitud cuando esperamos por algo por lo que uno pagó. A veces consciente y otras inconscientemente.

De igual manera, aunque no hayamos pagado por una entrada al asistir a un espectáculo de entrada libre y gratuita estamos invirtiendo nuestro tiempo, depositando nuestras expectativas. Para tomar la decisión hubo una elección, por lo que tenemos una actitud y esperamos y tenemos derecho a recibir lo que nos ofrecieron, a no sentirnos frustrados y a que se cubran nuestras expectativas. Ya sea un espectáculo de un desfile de modas, un *show* artístico popular o de música selecta. Por lo tanto podemos hablar de *los derechos del espectador*.

Tiene derecho a:

Recibir información: entréguele un programa o folleto donde se indique obra, autor, características, información complementaria, duración, colaboradores, etc.

Si no tiene listos los programas, prepare carteleras, rotafolios, pizarras, utilice "hombres sándwich" con la programación escrita de diferentes maneras sobre él, infórmelo por micrófonos.

Que se cumpla con el programa anunciado: Si hay algún cambio, infórmelo.

Que se respete el horario: Si por alguna razón se atrasa, informe.

En una oportunidad, siendo inspectora del Ballet Estable de Tucumán se contrató a Maia Plissetskaia para bailar en el Teatro San Martín de esa ciudad. Por razones climáticas su vuelo procedente de Brasil estaba demorado y a las 21, hora en que estaba anunciada la función, todavía no había partido de ese país. El público esperaba desde hacía dos horas, por lo que *se dio sala* (en la jerga teatral, hacer pasar) pasado el horario de inicio. Una hora más tarde la gente protestaba, molesta, el espectáculo no comenzaba y nadie explicaba los motivos. A todo esto, la señora Plissestkaia había prometido en una de las tantas comunicaciones telefónicas que no importaba a qué hora llegaba su vuelo, que ella igualmente bailaría (como realmente ocurrió y actuó a las dos de la mañana).

¿Por qué nadie informaba? ¿Qué sucedía? El director del Teatro lo había alquilado a una entidad benéfica, por lo que deslindaba responsabilidades. El presidente de dicha entidad nunca había estado en un escenario y temía estar frente a ese público que se enojaba cada vez más (con mucha educación y discreción). Hubiera sido tan sencillo, aunque sea en *off*, anunciar ese imprevisto. Finalmente se comunicó de esa manera. En una ciudad chica como en este caso, el que quiso pudo volver a su casa y regresar en el momento anunciado. Si se hubiera comunicado desde que se tuvo la noticia y la confirmación del espectáculo, se hubiera evitado el malhumor de la gente y el nerviosismo que vivimos todos.

Que las climatización sea correcta: Si por alguna circunstancia esto no es así, veremos algunas soluciones.

Asista a la sede en funcionamiento, con gente, no es lo mismo la climatización en una sala vacía que llena.

En la apertura de los juegos olímpicos de invierno en Noruega, una sala estaba preparada para prácticas, pero no para público, que al demostrar que estaba deseoso de observar el entrenamiento de esos atletas se presentó el problema del frío. Lógicamente, no se había previsto.

Rápidamente se habló con un sponsor, que obsequió gorritos de lana con pompones, guantes y bufandas haciendo publicidad de su empresa.

Como además era el único y los elementos llevaban el color de su logo, sin querer se vio favorecido por una campaña de publicidad no pensada. Surgió un imprevisto y se convirtió lo negativo en positivo.

Que el lugar sea confortable, a veces se lo debe acondicionar: Unos simples almohadones sobre gradas o sillas duras pueden crear un clima más agradable a la vez que brindan mayor confort.

Que se escuche bien: Tenga a mano megáfonos; según la circunstancia, lo pueden sacar del apuro.

En una oportunidad nos quedamos sin sonido en un evento y por suerte estaba contratado un mimo. Agudizamos nuestro ingenio y aprovechando esa circunstancia, la información se dio igual, reforzada con carteles que se hicieron en el momento. La simpatía del mimo y sus gestos (lenguaje universal) agregaron una situación que pareció hecha ex profeso.

En otra circunstancia en que debíamos informar un cambio en la programación al público sentado en las gradas, se les hizo jugar al "teléfono descompuesto": cada uno pasaba la información a quien tenía a su lado.

Que se vea bien: Muchas veces se adaptan espacios para espectáculos, se acondicionan, pero hay elementos de la estructura que no pueden modificarse (por ejemplo: columnas, como ocurre en el Luna Park).

En alguna circunstancia ayudan las pantallas gigantes o espejos colocados en lugares estratégicos.

A tener en cuenta: Deben anularse los espacios desde los que no se tiene una buena visión.

Que el lugar sea seguro: Desde el punto de vista de la estructura, de las instalaciones, de cuántas gradas se han venido abajo, con la consiguiente pérdida de vidas, heridos, etc.

Al alquilar una sede o contratar un espacio:

- Verifique que las salidas de emergencia puedan ser utilizadas.
- Señalice esas salidas.
- Instruya a los acomodadores para conducir al público a esas salidas.

Que las instalaciones sanitarias estén como corresponde: Si no son suficientes,

- alquile baños,
- refuerce la limpieza.

Espectador fantasma

Es la persona que asiste a exposiciones siguiendo indicaciones precisas, pide información fingiendo interés, por supuesto sin darse a conocer, observa con ojos críticos, toma nota que posteriormente transmite a la empresa que lo contrató.

PÚBLICO DE FERIAS Y EXPOSICIONES

VISITANTE

Existen distintos visitantes/públicos que asisten a este tipo de manifestaciones, el profesional y el público en general.

Las muestras, ferias, exposiciones que se realizan para expertos reúnen otras características, pues al ser para profesionales tienen que cubrir las expectativas que son totalmente diferentes de las del neófito, por lo que la exigencia será mucho mayor.

Su organización es más compleja porque este público lo lleva a la comparación, a una evaluación siguiendo otros parámetros de calidad.

Este público es cada vez más exigente, con menos tiempo y mayor premura, más selectivo, le interesa también el asistir a seminarios y conferencias que se dictan en forma paralela, aprovechar al máximo su tiempo, y a veces ha viajado especialmente para ello.

Si organiza algo para profesionales, tenga en cuenta:

Al visitante que asiste por primera vez a una exposición le puede impactar más la decoración, la propuesta de comercialización, los elementos de *merchandising* que lo que puede impresionar al profesional que viene de una feria de Alemania o de Francia o que ya ha asistido a nuestras ferias y exposiciones más notorias.

Cuando no son exclusivas para profesionales sino abiertas a todo público, dependiendo de la duración de la misma, se designa uno o varios días con acceso exclusivo para profesionales. Durante ese lapso de tiempo no se permite el ingreso de otro tipo de público. En algunos casos se estipula algún horario determinado para los no profesionales.

¿Qué necesita el profesional, cuáles son sus requerimientos?

1) Que el predio elegido sea acorde con el evento, en lugar accesible. Puede ser que por alguna causa se realice en un lugar alejado, poco conocido, o que se utilice por primera vez para ese fin, en ese caso:

a. Contrate servicios de ómnibus, *chárter*, que lleven a los interesados desde un lugar céntrico con una frecuencia que se indicará en la publicidad (p. ej., Casa FOA con el predio ABRIL camino a LA PLATA, o la muestra de decoración de las Damas de Pilar).
b. Indique el camino con carteles, afiches, pasacalles, banderolas, etc.
c. También es conveniente agregar a los folletos o publicidad gráfica un plano o croquis con las indicaciones correspondientes.

2) Que las instalaciones ofrezcan espacio para circular y trabajar cómodamente.
Los pasillos de circulación, las calles, deben calcularse en los momentos picos de mayor afluencia de público, que debe poder transitar cómodamente.
A veces, para aprovechar al máximo la sede para un mayor rédito económico, se deja un espacio libre para pasillos y vías de circulación tan estrecho que algunos stands sirven de pasaje. Entonces se corre el riesgo de que los asistentes pisen los stands vecinos y los utilicen de puente atravesando de un lado a otro, con la molestia que significa para ese espacio que se volvió *de tránsito*.
Otras veces se hacen degustaciones y promociones utilizando los espacios comunes. Si esto no está reglamentado, si no está bien especificado hasta dónde puede avanzar el stand sobre el pasillo de circulación, éste invade la calles. En otras ocasiones las promotoras ofrecen sus folletos, elementos de *merchandising* o material promocional fuera del espacio contratado. Esto debe reglamentarse, pues si todos los ocupantes de stands salen a ofrecer sus productos, servicios o entregar material, se creará un desorden que atenta contra el desarrollo normal de la muestra.

3) Que el nivel de los expositores sea el que se propuso.
En este punto a veces al organizador se le presenta el problema de no vender la cantidad suficiente de espacios como esperaba, lo que lo lleva a no respetar o a bajar la calidad de la muestra.
Recuerdo una Feria Internacional de la Artesanía que se anunciaba tan pomposamente con ese nombre, que me atrajo y en definitiva la artesanía era la ropa de cuero que se ofrece en todos los negocios y fabricada a máquina con la mayor tecnología. Además, colocada

directamente, sobre el piso y en percheros sin ningún criterio, desvirtuando la calidad del artesano que trabajaba a la par, repujando y cortando el cuero a mano. Peor aún porque era en el Centro Municipal de Exposiciones; en este caso no hubo un criterio de selección de los participantes. A veces, esto sucede porque no se venden todos los espacios y en el afán de comercializar toda la capacidad o por necesidad económica se desvirtúa el origen de la muestra.

4) Que el horario sea lo suficientemente amplio que le permita asistir sin interferir con las tareas de cada uno.

5) Que se habilite un *business center* que le permita trabajar y seguir conectado con su empresa.

6) Que realmente se ofrezcan novedades, que sea atractivo.

7) Otro problema que se presenta cuando no se ha comercializado bien la muestra, es que se crean falsas expectativas. Entonces, se ofrecen artículos o empresas que no han innovado.
Debemos tener en cuenta la globalización y que por Internet o televisión nos enteramos y tenemos acceso a todo lo que se realiza en otros países, además de los viajes en los que el profesional recorre permanentemente las ferias y muestras del mundo visitando las de su interés.

8) Que el personal del stand de atención al público esté capacitado como para informar y orientar.

Problemas:
En algunas exposiciones, la atención del personal de contacto ofrece un punto débil. Están allí obligados, no conocen totalmente el producto o servicio.

Sugerencias:
- Lo conveniente es capacitar al personal eventual alternado con el de la empresa, gerente de ventas, gerente de marca, gerente de marketing, etc., ellos conocen bien el producto.
- Informe al *standista,* a quien debe recurrir en caso de que le soliciten mayor información de la que posee, y el horario en que los

representantes o directivos de la empresa asisten a la muestra para poder dar más información y atender debidamente al interesado que considere merece una atención especial.

- Prepare fichas para tomar datos, si lo hace mediante un concurso con alguna atracción interesante, tendrá esa información, de manera que si no tiene más material, folletos, dossier, etc., usted se lo envíe posteriormente. Además podrá dar la información requerida con mayor tranquilidad.

9) Que la iluminación y el sonido sean los que corresponde.

10) Poder dialogar con expertos, con responsables de otras empresas, colegas.

Sugerencias:
Fije horarios para atender a estas personas, rote el personal de la empresa.

- Seleccione
- Capacite
- Delegue
- Supervise

Reconozca la buena voluntad y disposición, el pensar por sí mismo, el sugerirle cambios que puedan beneficiarlo.

11) Que se ofrezca calidad. Recorrer una exposición de envergadura puede llevar uno o varios días, y el profesional desea sobre todo relacionarse y poder ver todo tranquila y cómodamente. Debemos pensar en la cantidad de gente que se traslada de un país a otro. En poco tiempo desea contactarse, hacer negocios. Muchas veces visita la planta de las mismas empresas para conocerlas o tener otro tipo de contactos; a veces viaja a los lugares de producción o de fabricación. Todo esto en muy poco tiempo, por lo que desea y necesita aprovechar al máximo el dinero invertido (ya sea por él o por la empresa).

ANFITRIÓN

El anfitrión es la persona que recibe, el que ha generado el encuentro, aunque no lo haya organizado en forma directa —como sucede en algunos casos— pero oficia con esa función.

En la sociedad de la Edad Media, un caballero poco hospitalario no era bien visto; cuanta más gente había en su mesa más prestigio y consideración adquiría el anfitrión de aquel entonces. Transcribimos a continuación un texto ilustrativo, que habla del *ser que recibe.* [3]

DEL SER QUE FESTEJA

Expondremos una característica, particularmente humana, que propicia la actividad ceremoniosa; nos referimos a nuestra inclinación por los festejos. Tal característica la vemos en la Antigüedad, donde el hombre se hace un ser festejante en la ceremonia religiosa, como sucede en el acto nupcial entre Amon y Mut en el templo de Luxor. En esta ceremonia el rey egipcio consigue el vínculo divino, que le permite ostentar, al igual que sus descendientes, la dignidad sagrada.

Los juegos de Olimpia fueron otra gran fiesta en la Antigüedad; esas jornadas deportivas se realizaban en Grecia cada cuatro años y se iniciaban con la ceremonia a Zeus Horquios, el dios del juramento. En esas ocasiones y luego del triunfo, los mejores podían levantar su propia estatua en el santuario, alcanzando de esa forma también el ámbito sagrado. Todo ello, por cierto, se realizaba posteriormente al momento de haber recibido la corona de olivo y ser elevado por encima de los demás. La proclamación y el homenaje a los vencedores se realizaban en el recinto del consejo, donde también se efectuaba el banquete final.

Durante la fiesta dedicada a Saturno los romanos se divertían y ponían todo al revés, pues los señores servían a los esclavos y estos, a su vez, usaban sombrero en señal de libertad; las saturnales duraban varios días. Y eran alocadas fiestas donde todos se divertían por igual, hasta que concluía con la sangrienta ejecución del "rey de los bufones", práctica que luego se reemplazó por una muerte simbólica: la de su retrato.

A dicho ser festivo lo encontramos también en la fiesta desmesurada de los romanos, donde los primeros mártires cristianos alcanzaron la Gloria eterna, y también en los actos formales, donde se honraba a los personajes más destacados de una sociedad, como sucedía en Roma al ingresar los generales victoriosos. [...] El militar triunfante entraba y desfilaba en esas ocasiones junto a su ejército victorioso, trayendo consigo a los prisioneros y al botín conquistado, hasta llegar al Capitolio, donde efectuaba la reverencia sagrada y el agradecimiento a los dioses.

3 Carlos Méndez Paz (h), *Guía histórica y práctica del ceremonial.*

No es fácil ser anfitrión, y mucho menos, un buen anfitrión. Constantemente se cometen errores. Veremos los más comunes y cómo subsanarlos.

Errores más comunes de un anfitrión:

- Invitar a personas que no tienen nada en común. (Este tema lo he tratado en el capítulo 8.)
- No crear el ámbito para la integración.

Daré un ejemplo: una querida amiga cumplió años. Éramos diez mujeres: ella, ocho de la misma profesión —con quienes además compartía veraneos—, y yo. Durante las tres horas del te conversaron de su profesión, de las películas que veían los fines de semana y comentaron las que habían visto juntas y sobre los últimos veraneos. Lamenté muchísimo que siendo profesionales, todas personas de nivel socio-cultural elevado, no me hubieran dado en ningún momento pie para un bocadillo, o preguntarme qué hago de mi vida para poder participar en cierta forma de la conversación. La anfitriona debería haber hecho una presentación mínima, una palabra, una frase de diez segundos, la introducción a un tema, o simplemente pedir mi opinión sobre lo que se hablaba permitiendo así la integración.

- Invitar a personas disgustadas entre sí. Este es un error que no puede cometerse. Si por extrema circunstancia no tiene más remedio, trate primeramente de ubicarlos en mesas separadas si las hay, en lugares alejados si se trata de una sola mesa. Sepa que tendrá que estar permanentemente atenta a cualquier situación desagradable que pueda producirse. Si tiene confianza con alguna de las personas, coméntele que le ha sido imposible evitar la invitación y que le ruega encarecidamente que preste su colaboración. Si se toca algún tema que puede violentar en el acto, cambie usted de tema.
- Servir comidas demasiado sofisticadas o que no sabemos si gustan a todos los comensales (por ej.: ranas, cangrejos, caracoles). Si desea hacerlo, ofrezca siempre otro plato en reemplazo.
- Servir poco. Esta costumbre tuvo su época de oro con la *nouvelle cuisine* y era en contrapartida a servir platos que rebalsaban, como la máxima distinción de refinamiento. Así como en la época de los quince de mi hija la moda era no servir nada: vivíamos

en Tucumán al pie del cerro y ella y sus amigos partían para las reuniones a las doce de la noche. Volvían a la madrugada, muertos de hambre, y atacaban la heladera del que vivía más cerca de esa casa.

- Servir demasiado tarde. Tengamos en cuenta la hora, el cansancio y el apetito. Me viene a la memoria una situación que se presentó en el casamiento de una mucama. Me pidió ser su testigo de bodas. Ella, joven y de familia humilde, hizo la reunión en el patio de la casa, con pisos de barro, y al costado de la galería se colocó la mesa, casi a la intemperie. La comida estaba servida (empanadas, pizza, "calentitos") y se fue enfriando ante nuestra vista, pues, según su protocolo, hasta que el mozo vino y dio por iniciada la fiesta, no comimos. En esas circunstancias, nadie se sirvió, y se hizo más difícil porque había muchos niños. De más está decir que comimos todo frío, pero hasta en esos casos se esperaba a los novios; había una programación, todo el mundo se sacrificaba, por decirlo de alguna manera. Ahora, no se acostumbra más eso y se comienza a servir aunque no hayan llegado los novios.
- No tener mesas de apoyo en los casos que se come de pie. Servir una comida que necesite tenedor y cuchillo y mesas de apoyo, que estén al aire libre, imaginarias.
- No presentar a los invitados entre sí. No introducir en la conversación a todas las personas presentes en algún momento de la reunión.
- Hablar temas de religión, política o enfermedades, que puedan molestar u ofender a otros.

Sugerencias:

1) Se pueden alquilar pequeñas mesas; las hay también plegadizas, en las que se apoyarán platos y copas.
2) Solicitar a un amigo de confianza que colabore con las presentaciones. En algunas situaciones nos queda autopresentarnos si el anfitrión lo olvida o no está presente en ese momento; de esta manera lo estaremos ayudando para el éxito de la reunión. Introducir a los invitados —puede ser con una pregunta— en la conversación.
3) No permita que le arruinen el evento: ante un tema conflictivo cambie de tema, con firmeza y cortesía, con diplomacia, o pida directamente que no se hable más del asunto.

Más sugerencias:

- Confirme la asistencia de los invitados. Anteriormente era costumbre que se realizara la confirmación solamente para reuniones empresariales, actualmente se efectúa también para cualquier tipo de reunión social (cumpleaños, casamientos, aniversarios, etc.).
  En caso de que sea una comida formal, con ubicación asignada, se confirma telefónicamente la asistencia. Esto crea un orden tanto de la dinámica de la reunión como de la distribución de las mesas, y el orden protocolar de las precedencias y presidencias de los invitados.
  El último control, definitivo, se realiza cuarenta y ocho horas antes de la fecha de la reunión.
  En lo que se refiere al aspecto económico, también hay que tener en cuenta cuándo se hace la contratación del servicio gastronómico y cuánto se abona por cubierto; nadie tiene deseos de pagar por lo que no se ha utilizado. Por otro lado, la empresa de *catering* o del servicio gastronómico, el restaurante o el hotel, tienen derecho a cobrar el cubierto porque ya han comprado las provisiones para esa cantidad de personas, o porque tienen organizado y contratado personal para ese número de invitados. Por lo cual se hace indispensable llegar a la cantidad aproximada de la manera más precisa.
- Presente a todos los invitados. Lógicamente, en una gran reunión sólo a los que están más próximos entre sí. Introduzca a sus conocidos con temas que usted sabe que les interesan, déles la base para que conversen entre sí. Recuerde que usted es quien los conoce.
- Calcule bien las cantidades y tenga siempre de más; elija menús que no requieran exactitud de cocción (como arroz o souffles).
  Si no tiene mesas o mesas de apoyo, ofrezca comida que no necesite de cuchillo y tenedor.
- Posiblemente en una vivienda familiar no se tengan luces de emergencia, pero un farol de día para la cocina, el área de servicio y el toilette, junto con gran cantidad de velas le harán que transforme lo negativo en positivo, creando un ambiente especial. O prepárelo ex profeso para crear un clima diferente.
- Una bolsa de hielos, tipo Rolito, nunca está de más y nos puede salvar ante un imprevisto corte de energía. Si no, recuerde las estaciones de servicio abiertas las veinticuatro horas que le pueden solucionar el problema.

ANFITRIÓN DE LUJO

Charlar con Norberto Feldman es algo muy especial, *pues muy especial es él. Una mera fotografía del mismo:*

Empresario exitoso, dueño de la conocida Quinta Silvia, *su residencia en Don Torcuato, algo fuera de serie no sólo por su parque, piscina, canchas de tenis, el polideportivo dotado de lo mejor para cuanto hace a la gimnasia, con pileta climatizada, mesa de pool, etécetera.*

Pero lo excepcional, lo que uno califica como "el sueño del pibe", es el auténtico ferrocarril instalado en el parque. su traslado y posterior armado motivó, en su momento, una gran conmoción.

Un auténtico tren compuesto por su locomotora, coche comedor, coche cocina, coches camarotes cada uno de los cuales cuenta con decoración especial y baño privado con sus elementos originales. En la ambientación general de este tren, se tuvo bien presente la decoración primitiva acorde con la época y así supo interpretarlo en todos sus detalles el conocido artista, escenógrafo y gran amigo, Guillermo de la Torre. Y no sólo en lo referente al alfombrado, cortinas, etc. sino que también y muy importante, la utilización de la vajilla original, con la impresión en oro de la línea de ferrocarril al que correspondía ese tren.

Y más todavía. Para completar el ambiente, también están el andén con sus bancos originales, la boletería equipada como se estilaba entonces además de los boletos que se emitían y un museo ferroviario. Lo único no fue posible concretar fue el desplazamiento, el recorrido alrededor de la casa. Pero si impresiona a chicos y grandes la puesta en marcha de la locomotora con la bocanada de humo y la estridencia de su pitada, que nos hace soñar una vez más a todos.

Bien llamado el TREN DE LA AMISTAD, en el que viajaron, y muchos supieron dormir en sus camarotes, Jefes de Gobierno, Obispos, funcionarios, políticos, artistas de todos los géneros, no sólo de la Argentina, sino de distintos países. Enamorado de la amistad, Norberto Feldman, no pasa un fin de semana sin que se casa se llene de amigos. tuve la suerte de haber compartido alguna de estas reuniones y comprobar a través de miles de detalles la calidad del dueño de casa: un perfecto anfitrión, lo hace sentir a cada invitado un "homenajeado".

Y así entre preguntas y preguntas, fueron surgiendo recuerdos, anécdotas, proyectos, ilusiones...

—Como viajo mucho y mi placer es recibir, tener invitados en mi casa, compartir con amigos, disfrutar y, por qué no decirlo, volver a ser niño algunas veces, soy autodidacta y de cada viaje traigo una idea para mi próxima reunión, un obsequio especial, un elemento decorativo o la idea para una fiesta temática. Me inspiro por el mundo, este es mi equilibrio. En el mundo de las finanzas, el comercio, la política, la empresa, mi antiestress *es estar siempre pensando en otra fiesta, la próxima reunión.*

Te comento que en ocasión de un viaje a la Argentina del maestro Zubin Metha, gran amigo, como sé que a los hindúes les encantan los circos, hice instalar uno en el parque con tigres, leones, igual a un circo verdadero.

Con el talentoso Eduardo Bergara Leumann, preparamos muchas fiestas de fin de año, muchos reveillon, *a su estilo, intercambiando creatividad siempre inagotable.*

En una época, el gran maestro Antonio Berni vivió en mi casa, yo viajaba a Santa Cruz y de allí traje 200 huevos de avestruz, Berni los pintó y fueron obsequiados a los presentes. Sorpresas así encantan, indudablemente a los invitados, pero creo que mucho más a mí, pues a partir del momento que concibo la idea, ya la estoy disfrutando, adivino la cara de cada uno de mis amigos y sé el agrado que les puedo causar. O sea que mi placer comienza con gran anticipación y termina mucho después de la fiesta, pues si antes de ese día imaginaba lo que iba a suceder luego lo recuerdo, y el comentario de mis amigos, su alegría, y si lo veo bailando, divertidos, entretenidos, siento profundamente que una parte de mi misión en la vida está cumplida. Y, al igual que los recuerdos de la infancia, quedarán como hermosos momentos vividos, aunque esta clase de reuniones no era lo habitual en mi casa desde chico ya deseaba realizarlas.

—¿Qué tipo de reuniones has realizado?

—Los tipos de fiestas fueron muchas, de disfraces con la participación de la conocidísima comparsa "Marí Marí" de Gualeguaychú, durante muchos años ganadora del primer premio en los carnavales de Entre Ríos. Fueron fiestas únicas por la originalidad de los disfraces, la calidad de los invitados y la alegría que imperó. Difícil no recordarlas.

También las hubo de carácter más solemnes pero, no por eso, menos festivas ceremonias religiosas como casamientos (mío y de dos de mis hijos, donde se usaron los uniformes de la Guardia Suiza prestados por el Vaticano, o el de María Eugenia, una de las Trillizas de Oro), comuniones, bautismos y ceremonias de otras religiones.

Todos estos eventos de importancia, por la cantidad de asistentes, tuvieron lugar en la carpa montada en el parque, provista de todos los elementos y detalles de categoría que hacen a un gran salón de fiestas. También en el tren se efectuaron comidas y bailes, acorde a la capacidad del mismo.

Yo creo que hacer fiestas, agasajar, es mi hobby, y si me preguntas como hago, pues a veces en el avión entre destino y noches de hotel, otras en el trayecto de la oficina a mi casa, pienso, creo, invento...

Me emocionan los imprevistos... pues ellos forman parte de la normalidad. Nada es lineal. La vida tampoco. Lo normal es el imprevisto. Pero el perfeccionista, el que está en los detalles, se esmera justamente para lo opuesto, para cubrir toda posibilidad de algo no contemplado previamente.

Precisamente, el problema principal en la última fiesta fue que, como consecuencia de una lluvia torrencial, la luz de la carpa instalada especialmente, no funcionó y ya estaban los artistas necesitando ensayar, hasta que se puso en funcionamiento el grupo electrógeno. Esto es un imprevisto previsible. Alguien con experiencia, no deja esta posibilidad librada al azar.

—Hablando de los recursos humanos, de su personal, comenta que lo difícil es rodearse de gente que se involucre, que participe, que se sienta parte de la cosa. Tiene un miniequipo fijo, y los demás son contratados en cada oportunidad. Podrá ser una pareja de tango, una orquesta, personajes de teatro y comedia, una banda de jazz, más todo el personal de servicio, seguridad, etc.

—El estar vinculado con la diplomacia me enseñó muchos detalles que hacen al protocolo general.

Termino la charla. Me invita a la recepción que ofrece al Embajador de la República Popular China con motivo de terminar su misión diplomática en la Argentina. Me surge entonces otra inquietud: ¿Por qué él siempre obsequia? y me responde:

—He viajado mucho a China y estoy en contacto permanente con ellos. Son muy obsequiosos, siempre te entregan algún presente, sea para simbolizar un encuentro, sea simplemente para que se los recuerde. Es cierto, cuando uno recibe un regalo, piensa en la persona que previamente pensó en uno, que lo hizo para dar placer, felicidad... De ellos aprendí el placer de regalar.

Personalmente creo que ese placer es innato en él, y como todos los que tenemos el honor de ser tus invitados, te digo GRACIAS por tu intención de hacernos pasar un momento tan agradable siempre que uno se acerca a tu casa.

ASISTENTE O PARTICIPANTE

- *A congresos:*

Cuando se asiste a un congreso o seminario, por el cual generalmente se ha pagado una inscripción, se espera, se supone, se cree que se brindará la atención y el programa anunciados.

Por lo tanto, necesita que *se cumpla el programa establecido.*

Sugerencias:

- Si algún disertante se ausentara, el conductor deberá darlo a conocer al finalizar la conferencia del día anterior, antes del *coffee*, proporcionando el horario y el nombre del nuevo disertante y el tema que lo reemplazará. Si se avisa al participante ante estas situaciones, éste sabrá a qué atenerse y optará por retirarse o, si le interesa, se quedará.

Hablando de la información... cuando me preguntan qué se debe hacer ante un imprevisto, cuando éste afecta directamente al público, invitado o participante, respondo: "Informe, hable, dígalo".

Inmediatamente surge otras preguntas:

-¿Hasta dónde se informa?

-¿Qué se transmite?

-¿Se dice toda la verdad?

Sugerencias:

- Según el tipo de situación que se haya presentado, no hay que crear pánico. No hay que confundir al público.
- No se necesita entrar en detalles, pero sí transmitir escuetamente los cambios.
- No pida disculpas por una falla. Soluciónela de alguna manera, reviértala. En lugar de decir: *No esperábamos a tanta gente* (error de cálculo), diga: *Esto superó nuestras expectativas* (o sea, que es un éxito). Lo que pudo ser producto de una deficiente organización e imprevisión, se transformará en un suceso positivo.

No olvide que el que asiste a un Congreso espera:

- Que se le dé lo prometido.
- Que los disertantes sean lo que esperaba o lo que le vendieron o lo que compró, o lo que cree que compró.

- Que las instalaciones sean las adecuadas, confortables.
- Poder relacionarse con sus pares, colegas.
- Poder relacionarse con los disertantes y profesionales,
- Acceder a un certificado que acredite su participación.
- Aumentar la base de datos.
- Enriquecer o actualizar sus conocimientos.
- Conocer nuevas tendencias o nueva tecnología.
- Poder relacionarse socialmente.

Problemas:
- Más cantidad de inscriptos que lo esperado, que llegan a último momento.
- No se imprime a tiempo el listado de participantes.

Sugerencias:
- Tenga siempre mayor cantidad de material, credenciales, recibos y folletería que la cantidad de inscriptos.
- Desde el primer día, haga listados de participantes, aunque sea en la computadora o en un rotafolio o pizarrón que coloque en la entrada a la sala de sesiones.
- Aproveche el momento del *coffee break* para dar información.
- Organice rondas de negocios que ayuden a relacionarse.

En un congreso de Importación y Exportación de Agricultura del Mercosur, la consigna que me había dado la empresa de Francia que yo representaba era *Relacionarme con chilenos productores de espárragos.*

Durante los tres días del encuentro traté infructuosamente de detectar dónde estaban:

a) No había ronda de negocios que me facilitara la tarea.
b) Las credenciales de los participantes tenían las letras pequeñas, por lo que tendría que haberme acercado a cada persona (quinientas en total) y preguntarle si era chileno y producía espárragos. Lógicamente imposible.
c) No se entregaron listados de los participantes.

Como siempre ocurre, hubo una oportunidad que solucionó mi problema.

Para el almuerzo de despedida la ubicación en las mesas era libre, o sea que no teníamos los lugares preasignados. Cuando llegué al restaurante me acerqué a una mesa que me pareció adecuada para mí y... ¿quiénes estaban sentados a esa mesa?: los productores chilenos de espárragos. Supongo que la energía que puse en ubicarlos me llevó a ellos, pero considero imposible dejar librado al azar estos encuentros.

Sugerencias:

- Tenga bien en cuenta que el aspecto social de los congresos juega un papel muy importante, pues es el momento de relacionarse (durante las comidas, salidas, paseos, etc.).
- Exponga el listado de participantes en el panel de la entrada al recinto.
- Invite a anotarse a los que quieran conectarse con los disertantes, informe en qué sala estarán y que quienes deseen relacionarse puedan realizarlo con un orden preestablecido (generalmente, el último día se entrega o se envía el disquete con los participantes al evento).

Tenga en cuenta los factores que inciden en la elección de determinado congreso, seminario o curso. Cuando usted está por organizar alguna de estas reuniones, tenga en cuenta que para elegir un curso, un congreso o seminario, el participante hará un análisis completo sobre:

- Tema
- El/los disertantes
- Programa
- Fecha
- Horario
- Costo
- Forma de pago
- Certificado o diploma que se otorga
- Sede
- Medio de transporte
- Alojamiento
- Actos sociales
- Otros participantes

El participante evaluará el tema, la calidad de los disertantes, como así también el nivel de los participantes, y tratará de organizar el tiempo de sus actividades habituales. Una vez hecho el análisis de su conveniencia, deberá proceder al registro de inscripción. En casi todos los casos podrá optar por:

- Inscribirse personalmente, vía fax o mail, y pagar en la secretaría del evento.
- Depositar en caja de ahorro o cuenta corriente habilitada a tal fin, o enviar cheque a la misma secretaría.

Cualquiera de estas formas es válida.

Deberá verificar pasajes y hoteles asignados, preparar la vestimenta, principalmente la que respecta a los actos sociales.

Luego del congreso, el participante evaluará si fue positivo el haber asistido a ese evento y si podrá aplicar la información recibida.

A veces se sigue en contacto con algunas personas; en otros casos se mantiene o incrementa esta relación enviando mails, tarjetas, fax o simplemente con un contacto telefónico.

PÚBLICO EN GENERAL

¿Qué moviliza al público en general, no profesional, a asistir a una feria o exposición?

Una de las diferencias entre la definición de feria y exposición, además de ser en teoría: *Feria,* lugar donde se vende, *y Exposición*, como lo dice la palabra, el lugar donde se expone; es que la feria es una exposición en la que además hay atracciones, entretenimientos y espectáculos. Es la salida de fin de semana de la familia, de los niños que quieren asistir a *Expocachorros*, o a la *Feria de las mascotas,* o participar de la transmisión en directo de un espectáculo de televisión.

Para la mujer que asiste a la *Feria de las Naciones,* a la *Feria del Sol, Expouniversidad* o *Casa Foa,* para ver lo más nuevo en decoración, tomar un té, encontrarse con las amigas, estar actualizada y ver en un solo lugar todas las variantes de amoblamiento, moda, las opciones educativas para ella o su familia, o elementos para la decoración del hogar.

Para los señores, desde *Fematec* (feria de materiales de la construcción), la *Exposición del automóvil*, el *Salón de la Náutica* y otra infinidad de temáticas (ver el listado a continuación).

Si entramos en muestras de productos o servicios e información en el mundo de las empresas, todas las propuestas son cada vez más complejas e interesantes. Desde *Business to Business,* pasando por *Expomanagement,* hasta las de informática como *Infocom*, etcétera.

Para los jóvenes, todo en tecnología, informática, Internet, cómics o deportes tiene fuerza, atrae, se convierte en un polo de reunión. A veces también se ofrecen descuentos en venta de libros, videos, cursos o revistas que ofrecen suscripciones, y abonos, todo a precios especiales, preparados para ese evento.

Hay que contemplar las horas pico, en las que está todo el mundo y es más incómodo —y a veces imposible— visitar todos los *stands* y transitar tranquilamente.

También atrae el hecho de poder acercarse al autor, como en el caso de la *Feria del libro,* donde se puede dialogar con escritores, críticos literarios y editores.

Las ferias y exposiciones son un hito dentro de la programación anual de las salidas, incluso para hacer compras, como hace algunos años ocurrió con la *Feria de las Naciones.*

Respecto de esta última feria, cabe destacar cómo nació: se la creó para la venta a bajo costo de productos importados a beneficio de una entidad, canalizado a través de las embajadas y las cámaras de comercio para estar libres de impuestos. Con la libre importación este proyecto tuvo que adecuarse y no ha perdido su fuerza. Pero a veces no se toma muy en cuenta la cantidad de público asistente y que es imprescindible manejar el aspecto de la seguridad, tanto de personas como de bienes. Volveré sobre este aspecto más adelante.

LISTADO DE FERIAS Y EXPOSICIONES

Para mayores datos podrá consultar las revistas especializadas; por ejemplo, *Ferias y Congresos* y *Perspectiva.*

Avícola
Arte BA (Edición de la feria de galerías de arte)
Business Net 2000 Ofician
Casa Foa
Exposición del automóvil
Emaqh (Exposición Internacional de la máquina herramienta)
Expoblanc Décor Hogar
Exponovias

Expoeventos
Expofarmacia
Expo-Hotelería
Expostand
Expocon (Materiales de la construcción)
Exposición de Ganadería, Agricultura e Industria Internacional (La Rural)
Expo Pilar
Expo Oficina & Office
Expo universidad
Expo antiquaria
Feria del libro
Feria de juguetes (Juegos, cotillón, Navidad)
Franchising
Feria de las Naciones
Feria de las colectividades
Feria del Sol
Fematec (Feria internacional de materiales y tecnologías para la construcción)
Gastronómica
Grafika
Hospitalaria
Infotecno 2000 (Maratón de Internet)
Logisti-k
Marketing
Pymes
Supermercadistas
Vida country

PÚBLICO DE PRENSA Y DE MEDIOS

El periodista, notero, camarógrafo, director o productor de medios asiste en su rol de profesional; tiene que mirar el evento con los ojos del medio a quien representa, de la ideología de ese medio. El problema es que seguramente ya ha asistido a varios y lo seguirá haciendo. Por lo que, cuando invitamos a periodistas, hay que tomar conciencia de que no va a ser fácil sorprenderlos, que cada vez necesitan mayores estímulos, tecnología, impactos visuales, propuestas diferentes, originales, que llamen su atención, que le emocionen. Por otro lado, permanentemente asisten a todo tipo de reuniones.

Preferentemente, entréguele la invitación o la información en mano, interesándolo, dándole detalles, mostrándole que es un evento noticiable.

Habrá que preparar una carpeta de prensa con la información sintetizada y también la misma información ampliada, por si quieren conocer más detalles.

A veces no está el fotógrafo o no llegó a tiempo, por lo que siempre deben tenerse fotografías preparadas, cada una con su respectivo epígrafe.

Cuando lleguen a la reunión, una persona estará encargada de recibirlos, tomará nota de sus nombres, del medio al que pertenecen, les brindará la atención y la información que necesitan, sea en la carpeta de prensa o en un *compact disc*, o posteriormente se le enviará, vía fax, mail o Internet.

Si se los invita al evento, se les dará una ubicación preferencial. Habrá un sector reservado para ellos. Un detalle: no se le ocurra cobrarle la entrada, la comida, o pedirle en ese momento algo a cambio. Un poco de cortesía no está nunca de más, lo comento porque sucede.

A veces desean entrevistar a alguna persona en forma individual; para ello deberá ubicarlos en algún apartado donde no interfieran sus voces ni las cámaras, fotógrafos y equipamiento.

Sugerencias:

1) Entregue la invitación o gacetilla con quince o veinte días de anticipación.
2) Entregue la información también en CD.
3) Haga un seguimiento personal, telefónico o por mail.
4) Agradezca siempre.
5) Tenga en cuenta la hora de cierre de la edición (o sea, el momento límite para enviar información) de la sección o del medio; no es lo mismo un diario que una revista de frecuencia semanal que otra de frecuencia mensual.

PROFESIONAL

¿Qué es ser profesional?

¿Por qué la empresa busca un profesional?, y ¿qué es lo que determina que se sea un profesional, aparte del diploma que así lo acredita, el poseer el título de OPE?

No es el estudio solamente sino también el saber emplear los conocimientos adquiridos. No es sólo la aplicación textual, sino el saber adaptar los conocimientos a las circunstancias. Entonces, ¿cuándo se es profesional?

Cuando, además de poder aplicar los conocimientos, se es honesto con el cliente, se compite sanamente, y no se imita.

La creatividad es un aspecto clave del profesional para aplicar desde la idea original del proyecto hasta la presentación de la propuesta. Cuando decimos que un profesional tiene experiencia, es porque aprendió de los errores; lo que lo hace solvente para resolver situaciones imprevistas y ser capaz de aplicar los recursos que tiene a mano.

Se es profesional cuando se asume un riesgo controlado y se tiene ética profesional. El autocontrol forma parte de la personalidad y del perfil que debe tener un organizador de eventos.

CAPITULO IX

Espectáculos. Reuniones

LA MÚSICA EN LOS EVENTOS[4]

La música en los eventos tiene un papel muy importante, por cuanto contribuye a preparar adecuadamente el ambiente, creando un clima acogedor y armonioso. Para que cumpla ese objetivo, es necesario tener en cuenta ciertos puntos muy simples pero imprescindibles.

a) Determinar el carácter del evento a realizarse para que la musicalización del mismo esté acorde con la ocasión:
   - Recepción, coctel, cena
   - *Room* (música de fondo)
   - Ceremonia religiosa
   - *Show*
b) Informar la cantidad de invitados y la capacidad del salón, a fin de lograr un volumen adecuado. Independientemente de si se trabaja con equipo de sonido, siempre es necesario tener en cuenta que la música nunca debe saturar el ambiente, de manera que los invitados deban elevar la voz para conversar, lo cual ocasiona tensión e incomodidad.
c) Prever, de acuerdo con la cantidad de músicos contratados, el espacio suficiente para que puedan tocar sus instrumentos con comodidad. Es fundamental que se sepa de antemano el lugar que

4 Por Norma Amanda Marconi, violinista.

ocuparán los músicos, para que a su llegada puedan instalarse inmediatamente, a fin de prepararse con margen de tiempo suficiente antes de la llegada de los invitados. Téngase en cuenta que se debe afinar, preparar atriles y partituras, y eventualmente realizar una prueba de sonido. (Estos detalles se obviarán si el grupo trabaja a la mexicana, o sea desplazándose entre los invitados.)

d) Proveer las sillas necesarias, una para cada músico (sin apoyabrazos), excluyendo todo tipo de sillón o *puff*.

e) En caso de usar micrófonos o equipo de sonido, es importante destacar que un sonidista no es un *disc-jockey* y ambos cumplen funciones diferentes: si bien un *disc-jockey* puede, eventualmente, ofrecer sonido, quizá no sea un técnico especializado en la materia.

f) La iluminación requiere simplemente luz adecuada a la lectura normal; generalmente se solicita una luz cenital blanca, de una intensidad suficiente para leer.

g) Consultar de antemano si los músicos llevarán atriles (si es un conjunto chico, normalmente llevan los propios; en caso de contratar una orquesta, siempre hay un coordinador de la misma que se ocupa de los detalles pertinentes).

¿IMPREVISTOS?

Como en todas las cosas que se preparan minuciosamente, siempre puede haberlos, desde un apagón que obligue a seguir tocando con velas (efecto romántico) o de memoria (a veces), hasta un invitado que les acerque a los músicos un tema de su preferencia para ponerse a cantar o a bailar, o que la novia se retrase y deba cambiarse el orden del programa.

En una oportunidad, me hallaba integrando una orquesta cuyo ensayo general se llevaba a cabo unas horas antes del concierto. Todos debían ir a cambiarse para ponerse "*la ropa de concierto*". Cuando llegó la hora, casi sobre la apertura, apareció un músico de la orquesta vestido con sus *jeans* y campera, desesperado porque un corte de calles y la clausura del Puente de Avellaneda le impidieron buscar su esmoquin. Es ese momento se nos ocurrió ir a la platea y hablar con las esposas de nuestros compañeros para contarles el percance.

A la hora del concierto, nuestro amigo vestía un pantalón negro muy ajustado (de un ordenanza del teatro), que pasaba inadvertido pues tocaba los timbales detrás de todo el conjunto; una corbata negra (simulando un moño) y un elegante saco negro de... mujer.

Problemas:

-Mayor cantidad de personas que las esperadas:

Cuando se realiza algún *show* o espectáculo popular de mucho éxito o que suscita mucho interés con entrada libre, se corre el riesgo de una gran afluencia de público; al no hacer venta de entradas tampoco se puede hacer un cálculo exacto.

Lo mismo si se invita a una reunión que atrae por el lugar, la programación, o la comida, que sabemos se ofrecerá, con entrada libre sin ningún tipo de requisito o de condiciones, y se desborda porque no se pudo calcular la cantidad de asistentes.

Sugerencias:

Lo mejor es que, aunque el acceso sea libre y gratuito, los interesados deban retirar su entrada en algún sitio fijado y anunciado previamente. En ese caso se imprimen y entregan solamente la cantidad correspondiente a la capacidad del lugar.

A veces se puede repetir la función, el *show*; depende de la duración del mismo, de sus características.

También, un responsable de la organización podrá conversar, llevar esas personas a otro sector, y según la circunstancia podrá ofrecer alguna bebida fría o caliente, según la época, y la cantidad de personas de que se trate.

Podrá invitar para otro espectáculo, obsequiar otras entradas, dar algún vale; lo principal es hacerse cargo del problema.

Hemos visto algunas soluciones a algunos problemas en común, y por más que uno lo analice siempre puede aparecer un nuevo inconveniente sin contemplar, por lo que veremos —en rasgos generales— lo que es más conveniente hacer para salir del paso, pudiendo realizar el evento y evitando situaciones violentas o desairadas.

PRESENTACIONES CON EQUIPAMIENTO TÉCNICO

Problemas:

Por más que se prueben los equipos, muchas veces igual puede ocurrir que se descalibre un aparato muy sensible, como un rayo láser, o se queme la lamparita en el caso de proyectores o retroproyectores, o cualquier tipo de equipo multimedia.

Recordemos que a Bill Gates "se le colgó el sistema" justamente cuando iba a realizar una presentación.

En la muestra de un automóvil en el Luna Park, la principal atracción era un plato volador que en determinado momento sobrevolaba nuestras cabezas. Creando gran expectativa con efectos especiales y música acorde, los adultos quedamos con la boca abierta; éramos niños impactados con esa gran sorpresa.

El organizador había traído el plato volador de Estados Unidos, que funcionaba a control remoto, pero ante cualquier imprevisto y por ser esa la mayor atracción de la noche, había traído dos iguales.

Precauciones:

Cuando el evento se apoya en equipamiento técnico, se debe tener todo por doble partida: doble proyector, doble casetera, doble televisor, y en caso de que el equipamiento sea de alta tecnología y complejidad se deberá contar con la asistencia permanente de un técnico, que no sólo pueda encender el equipo y hacerlo funcionar sino también que sepa repararlo en caso de necesidad.

En cierta oportunidad se trasladó a Córdoba un equipo de rayo láser. Con el movimiento, el equipo se descalibró, y si bien viajaban dos técnicos que sabían cómo hacerlo funcionar, no supieron arreglarlo.

MARATONES. CARRERAS. EVENTOS AL AIRE LIBRE

Problemas:

- Cambios climáticos.
- Público de pie, sin ubicación fija.
- Sanitarios insuficientes.

La posibilidad de cambios climáticos (frío, calor, viento o lluvia) es el principal inconveniente en este tipo de eventos. En todo acto al aire libre se debe tener la alternativa de un espacio cubierto, carpas o cerramientos; pero como esto es imposible en maratones o carreras, hay que contemplar siempre el poder postergarlo para otro día y tener las fechas tentativas pautadas.

Podemos recordar cuando el tenor José Carreras vino a cantar al Hipódromo de San Isidro y llovió tanto que se suspendió el espectáculo. Pero él tenía un contrato que cumplir, por lo que para mayor veracidad y exactitud de la fecha, por posibles litigios, se exhibió la página de un diario en el que la fecha del día estaba bien visible y se tomó fotografías como testimonio. Finalmente, la lluvia calmó y pudo cantar. En este caso, el tenor estaba en un escenario armado bajo techo, por lo que igualmente hubiera podido cantar; si el público estaba a la intemperie, eso era otra cosa. No sería la primera vez que el público estaría bajo la lluvia en un evento.

Sugerencias:

- Instalar carpas, cerrar algún espacio.
- Colocar vallados.
- Delimitar los accesos y las salidas.
- Señalizar con colores.
- Tener fechas alternativas.
- Ofrecer paraguas, incluso los de tamaño gigante. Se puede solicitar a una firma que los sponsoree.
- Pilotos de nailon, que se puedan armar en un segundo (de tela plástica y dos trozos de hilo de 20 centímetros para sujetar y atarlo sobre los hombros).
- Colocar sombrillas, pequeñas tiendas o techados (al estilo turco).
- Ofrecer pantallas, abanicos, viseras, sombreros.
- Alquilar sanitarios.

RECURSOS HUMANOS

Sugerencias:

Siempre se deben tener a mano los teléfonos de las personas involucradas y de las agencias de contratación de personal temporario.

Todo cambio produce en algunas personas un bloqueo que les impide actuar coherentemente, o con cierta tranquilidad aparente. No olvidemos que el nerviosismo se contagia, de allí que el autodominio del organizador sea indispensable.

De acuerdo con sus necesidades, prepare una ficha que le sirva de ayuda memoria. Por ejemplo, una que contenga los siguientes datos:

- Nombre ....
- Cargo ....
- Fecha, hora y forma de participación ....
- Domicilio ....
- Teléfono ....
- Fax ....
- E-mail ....
- Empresa ....
- Institución ....
- Hotel ....
- Dirección ....
- Teléfono ....
- Contacto ....
- Habitación Nº ....
- Acompañante ....
- Idioma ....
- Comidas ....
- Hora de arribo ....
- Hora de partida ....
- Tipo de transporte ....
- Empresa ....
- Aerolínea ....
- Nº de vuelo ....
- Hora de partida o arribo ....
- Aeropuerto de proveniencia del vuelo o de destino ....
- Código de reserva ....
- Barco ....
- Muelle de arribo o partida ....
- Horario ....
- Destino ....
- Procedencia ....
- Empresa ....
- Teléfono ....
- Dirección ....
- Línea de Ómnibus ....
- Dirección ....
- Teléfono ....
- Asiento ....
- Hora de partida ....
- Hora de arribo ....
- Traslado ....
- Contacto ....
- Automóvil / Chofer ....
- Confirmado / A confirmar ....
- Obsequios ....

Lo mismo podrá hacer para el personal eventual, señalando empresa de contratación, el contacto, el horario a cumplir, remuneración pactada, viáticos, disertantes y expositores.

En cada caso variarán las características pero esta ayuda memoria le servirá para tener un mayor control sobre toda la organización.

Siempre conviene chequear si se tiene las llaves, quién es el responsable de abrir y cerrar el recinto; a veces se guardan elementos, otras será de un área contratada. Hay que verificarlo y tener en cuenta el horario o turno del encargado.

Personal

Siempre con la intención de no dejar nada librado al azar, la preocupación por lo que no se entiende o de indicaciones que se malinterpretan o consignas que no fueron claras o no se supieron dar o no se dieron a tiempo, traen aparejado una serie de problemas y situaciones de toda índole e importancia que se pueden definir como imprevistos.

Es común dar una indicación, por ejemplo a un grupo de azafatas o promotoras: *Mañana deben llegar temprano.* ¿Qué significa esta orden?

Este ejercicio lo repito con alumnos y con el personal afectado a algún evento, en muchas ocasiones para demostrar que todos somos distintos y tenemos diferente noción del tiempo; por ejemplo, en el caso de esta consigna. Supongamos que mañana a las 9 de la mañana comienza un congreso y a las azafatas de la oficina de acreditación les digo: *Lleguen temprano*. El temprano de cada uno es totalmente diferente del de los demás.

Al preguntar: ¿cuál es tu temprano, a qué hora llegarías?, una contesta que a las 8.15; otra, 8.45; otra, 8.59. Pero ellas desconocen cuál es *mi* temprano. Si mi concepto de temprano es de una hora antes, indudablemente a las 8.30 estaré desesperada, consiguiendo azafatas de reemplazo, mientras que a las 8.55 las azafatas llegarán muy tranquilas pues para ellas cinco minutos antes es lo que correspondía.

Esta aclaración y las indicaciones y consignas dadas claramente son indispensables para evitar equívocos y prever lo previsible.

Fotógrafos. Técnicos en filmación. Operadores

En estos casos no hay posibilidad de solucionar un imprevisto: un fotógrafo que no llega, las máquinas que se estropean o unos rollos en mal estado, todo cabe: el equipo de video, el trípode, los casetes...

Me sucedió en un evento que la fotógrafa (contratada especialmente, con buenas referencias y antecedentes), como la sala del congreso estaba en semipenumbra y ella muy cansada, se durmió.

Los eventos suceden una sola vez, y si no se capta ese momento ya no habrá otro.

Sugerencias:

Aunque sea una sola empresa, contrate a dos personas, una puede fallar. Además, exija que trabajen con dos cámaras.

A veces, de acuerdo con el tipo de evento, puede ser necesario tomar las fotografías desde varios ángulos al mismo tiempo. Lo mismo ocurre con las filmaciones, para asegurarse de que tendrá la filmación de todos los instantes importantes registrados.

Asistencia al participante/ expositor

CAPÍTULO X

En las exposiciones se da la dualidad de que se es expositor y visitante al mismo tiempo, pues aunque se exponga también se recorre la muestra y se observa. Así se conocen las necesidades de uno y otro.

El organizador, además, debe asesorar a la empresa sobre la elección de la exposición, el tipo de *stand*, su tamaño, su ubicación, sobre cómo exponer los productos u ofrecer sus servicios, sobre cómo presentar el material informativo, el *merchandising*.

Necesita un *business center* para relacionarse con sus empresas: computadora, fax, Internet, e-mail forman parte de cualquier exposición.

Teniendo en cuenta el producto o servicio que se desea exponer, para poder asesorar al participante debemos conocer también qué capacidad de producción tiene o qué posibilidad hay de ampliar la propuesta del servicio. De nada valdría participar en una exposición —con la inversión que esto representa— si no se tiene luego capacidad de respuesta ante la demanda.

Puede que para ese expositor esta sea la primera vez que se presenta en un stand, por lo que deberá tener bien en cuenta quiénes son sus competidores, saber qué ofrecen ellos o cómo han estado presentes en otras oportunidades. De esa manera tendrá la oportunidad de prepararse y elegir lo que más le convenga.

Aquí sería importante detenernos un segundo a tomar conciencia de que el expositor hace al éxito de la muestra.

A veces el expositor espera todo del organizador: que le paute la campaña publicitaria, la difusión en los medios y el contacto con la prensa, así como la afluencia del público, sin tomar en cuenta que él también tiene su parte de responsabilidad en el éxito de la exposición en general y de su *stand* en particular.

Según Barry Siskind's, el expositor también debe hacer la promoción en forma independiente, reforzando la que ya se hace.

SUGERENCIAS PARA EL ÉXITO DE PÚBLICO EN SU STAND

Entre veinte y veinticinco días antes de la muestra deberá enviar por correo la invitación al acto de apertura o a la inauguración. De siete a diez días antes es importante que lo recuerde por fax, teléfono o correo electrónico, y reiterarlo y recordarlo tres o cuatro días previos al evento, vía e-mail. Si usted se lo ha comunicado y recordado por diferentes medios es muy raro que esa persona no se haya enterado o lo olvide.

De esta manera contribuye a difundir la muestra. Si cada *stand* repite esta acción se asegurará la cantidad de visitantes estimada.

Otras acciones que motiven a visitarlo es una invitación personalizada, enviar algún tipo de cupón para un sorteo, hacer concursos con premios, etc. Así se asegurará el éxito de su *stand*; además, es conocido que la gente atrae a la gente.

Al elegir, diseñar y decorar o ambientar el *stand*, tendrá en cuenta que el sitio debe llamar la atención; en primera instancia, para atraer al público; luego, según el atractivo que tenga y la forma en que estén exhibidos los productos o se informe sobre los servicios, hará que el público se interese y se acerque a conocer sus productos.

La capacitación del personal de contacto: los *standistas,* es fundamental, ya que deben poseer información para transmitirla.

Deben trabajar en forma interrelacionada con los armadores y decoradores, para manejar el tiempo y el espacio optimizando los recursos y así alcanzar el mayor éxito posible.

Nadie va a perder tiempo, sino a ganarlo.

ASISTENCIA AL EXPOSITOR. ASESORAMIENTO

- Atracciones
- Animación (video, espectáculo, magia, música)
- Arquitecto

- Capacitación al personal de contacto y de atención directa
- Concursos
- Decoración
- Difusión
- Diseño
- Elección de la Feria
- Imagen de la empresa
- Iluminación
- Invitaciones para el acto de apertura
- Juegos
- Material para visitantes especiales
- Material informativo
- *Merchandasing*
- Necesidades técnicas
- Tipo de *stand*
- Tamaño
- Ubicación
- Vestimenta

Elección de la feria:

La elección de la feria o exposición en la cual conviene participar deberá realizarse en base a:

- Antecedentes de la misma
- Fecha
- Productos
- Posicionamiento
- Tipo de público
- Organizador
- Realizador
- Infraestructura
- Valor del metro cuadrado

Tipo de stand:

El tipo de *stand* se elegirá teniendo en cuenta:

- Producto
- Servicio
- Material a entregar
- Decoración

- Forma:
  - En isla
  - En península

Medidas:
- Metros cuadrados
- Altura

Ubicación:
- En pasillos laterales
- En pasillos centrales
- En el acceso
- En la salida
- Frente al área de comidas
- Frente a la oficina de informes
- Cerca de un *stand* de marca de nombre
- Cerca de un *stand* muy grande

Decoración:
- Ambientación
- Decoración
- Escenografía
- Cumplimiento del reglamento

Animación (video, espectáculo, magia, música):
- Evaluar la posibilidad de ofrecer entretenimientos
- Espectáculo de danza
- Música
- Mimos
- Magos
- Juglares
- Todo lo que llame la atención

Capacitación al personal de contacto y de atención directa:

Seleccionar en base al perfil necesario para ofrecer el producto o servicio
- Capacitar
- Delegar las tareas
- Supervisar
- Reconocer

El personal debe estar preparado para informar hasta donde tenga conocimiento pero es indispensable que tenga capacidad para detectar si el visitante merece otro tipo de atención y derivarlo a otra persona superior que pueda dar la información que corresponde.

Vestimenta:

Es indispensable saber que el personal de contacto, sea *valet parking, bell boy*, promotora, recepcionista, standista, azafata, asistente, auxiliar de sala, etc., da la imagen de la empresa. En muchas ocasiones es la primera imagen que recibimos de esa empresa, por lo que es fundamental que esté vestida adecuadamente.

En caso de recepcionistas o standistas que atienden los *stands* o hacen promociones, habrá que evaluar la vestimenta acorde con los colores de la empresa. A veces se visten con el mismo uniforme que utilizan dentro de la misma, si se trata de personal fijo.

Imagen de la empresa:

La imagen de la empresa está dada por varios factores, externos e internos. Desde la campaña publicitaria, la vestimenta, el material gráfico, los obsequios, la atención al empleado y al cliente interno, la capacitación, la cultura de la empresa, la misión, la calidad de vida dentro de la misma que ofrece a su gente, el material promocional, el *merchandising;* todo nos está dando una imagen. Una está acompañada de la otra, las referencias, el intangible.

La imagen está dada por dos aspectos:

- El tangible,
- y el intangible.

El personal, los directivos, las conductas dentro y fuera de la empresa, en ocasiones en que la empresa participa en eventos de terceros o en eventos propios pero fuera de su entorno.

Material informativo:

Deberá tener material para los asistentes y no entregarlo indiscriminadamente. Conviene tener siempre dos tipos de material: uno para el público en general y otro para visitantes especiales, que pueden ser clientes, posibles clientes, personas que consideramos pueden resultar de importancia para la empresa.

El material debe ilustrar sobre el producto o servicio, y atraer por su diseño, forma, textura y color.

Diseño:

El diseño del *stand* es lo que llama la atención. En una exposición o feria uno llega hasta lo que se llama la entrada o el primer nivel, desde donde se aprecia parte de la muestra.

En ese momento crucial elegimos ir a la derecha o a la izquierda o, si hay un pasillo central, acceder por él. El porcentaje más alto se inclina por recorrer la muestra por la derecha. Si bien hay muestras con circulación dirigida u obligatoria, en otros casos es opcional, por eso cuando percibimos los *stands* nos dirigimos al que nos llame la atención, si es que nos interesan los productos.

El diseñador podrá imaginar una escenografía que no tenga nada que ver con el producto o servicio a exponer, simplemente para atraer y llamar la atención, o en base al producto o servicio.

Arquitecto:

El arquitecto se ocupará de la planimetría del *stand*, de los requerimientos técnicos, de las necesidades de iluminación y los sostenes, alfombramientos, cerramientos, escaleras, espacios privados, *office*, depósito. En la Feria Internacional del Automóvil los autos estaban expuestos de diferentes maneras (colgados, atravesados, sobre fuentes de agua, en elevaciones), lo que requiere no sólo el trabajo y asesoramiento de un arquitecto sino también de ingenieros.

Necesidades técnicas:

En cada caso se evaluarán las necesidades tecnológicas para la iluminación, los carteles, y otros elementos.

- *Iluminación*: Juega un rol importante, llama la atención, atrae. Deberá tenerse en cuenta el calor de algún tipo de lámparas, como las dicroicas, que pueden dañar elementos como plantas, tortas, etc.
- *Merchandising*: No es obligatorio, pero sí conveniente, tener elementos de *merchandising;* esto significa, productos con nombre o logo de la empresa para obsequiar. De esa manera se prolonga la imagen, se la lleva consigo, los elementos son variados, y siempre el regalo atrae; desde lapiceras, remeras, pañuelos, cajas de cigarrillos, lápices, llaveros, *pins*, gorros, bolsos, ceniceros. La gama es enorme.
- *Material para visitantes especiales*: Es conveniente tener en el *stand* carpetas de presentación (*dossier*), *brochures*, folletos, ca-

tálogos más completos y a veces con otro diseño para los invitados o visitantes especiales; puede ser una deferencia.

Difusión:

La difusión deberá hacerse en forma conjunta o complementando la que realiza el organizador de la muestra, ya sea por fax, correo o correo electrónico, o publicidad en los medios.

Se podrán realizar eventos dentro de la muestra e invitar, por ejemplo en la feria del libro, a la presentación de un autor, o en la exposición de gastronomía, a la degustación en determinado horario, así como concursos. Para estas acciones se realizan invitaciones especiales, se envían gacetillas, se realiza una acción de prensa.

Invitaciones para el acto de apertura:

Además de las invitaciones que prevea el organizador para el acto de apertura es importante que el expositor también dirija invitaciones a sus clientes, proveedores, amigos, conocidos, a su medio. De esta forma refuerza las acciones del organizador. Puede hacer, posteriormente al acto de apertura oficial y general, uno privado en su *stand*, ofreciendo una copa de champán, un espectáculo, una promoción, un concurso, un juego, una demostración especial; de esta forma atraerá más gente a su *stand*. Recordemos que la gente va donde hay gente, la gente atrae.

No es necesario que lo que se haga esté relacionado con el producto; un acto de magia, un entretenimiento multimedia o una degustación siempre son atractivos.

Concursos:

Los concursos son siempre aglutinadores y nos pueden dar la posibilidad, por ejemplo, de aumentar nuestra base de datos solicitando que para participar deben completar una ficha. Usted tendrá una base de datos; por un lado, la que le provea el organizador, y luego, la que surja de su concurso. Para ello deberá consultar el reglamento de la exposición. Generalmente no se permiten juegos donde el premio sea dinero en efectivo. Pero en caso de obsequiar algo referente a su producto o servicio, no tendrá ninguna restricción.

Juegos:

Los juegos participativos e interactivos son otro foco de atención que atrae visitantes al *stand*. Se podrán hacer en base al producto o servicio.

Atracciones:

Las atracciones podrán consistir en espectáculos, degustaciones, concursos, juegos, una figura importante o representativa, como en la Feria del Automóvil, donde un corredor se haga presente, o en una muestra de ropa femenina, una mannequín famosa.

CAPITULO XI

El ceremonial

El hecho de organizar una reunión social en la mayoría de los casos es básicamente porque el afecto nos hace desear compartir, agasajar, a una o varias personas. En definitiva, sabemos que tenemos en nuestras manos (en cierta forma) la posibilidad de hacer feliz por unas horas a alguien.

Nos movilizan los sentimientos. Como comentaba en capítulos anteriores, se engalana la casa, se embellece la mesa, se busca combinar colores, adornar con flores, candelabros, manteles y vajilla especiales; todo es una demostración de amor. A veces se realizan las reuniones sociales con objetivos secundarios o con otros intereses, lo que será válido para cada caso.

Tratándose de sentimientos podremos hablar del amor del actor por el público, que actúa aun en circunstancias personales adversas o desgraciadas. El *show* debe continuar y pase lo que pase se debe al público; en otras ocasiones, al invitado o al participante.

Y cuando se organiza algo, se analizan todos los detalles o se repiten conductas; es decir, se prepara todo como un ritual. Seguimos cánones que se repiten y reiteran, todo lo que se prepara, el espíritu, el alma, para recibir.

¿Por qué la preocupación de la ceremonia del té?

Se trata de ofrecer lo más exquisito, lo más preciado de dar.

Estos rituales sirven como punto de partida, como excusa para una reunión o para darle un toque diferente a la misma.

Los usos y costumbres de una sociedad singularizan o caracterizan un pueblo o nación; si bien se considera genéricamente que lo hecho por el hombre es un acontecimiento cultural, hay ciertos aspectos que disminuyen tal visión, sobre todo si se trata de actitudes inapropiadas de algunos individuos frente a sus congéneres. Intentamos al respecto considerar la posible consecuencia que probablemente sufriría una persona que, por falta de conocimientos, no cumpla con las tradiciones y particularidades de una sociedad determinada; la desconsideración a los usos y costumbres que por cierto trae aparejado el rechazo inmediato y puede afectar una actividad desarrollada o por desarrollar. Recordemos al respecto cuando los egipcios homenajearon a un rey espartano con aromáticos aceites y éste, indignado, se retiró de la reunión, habida cuenta de que la sociedad espartana rechazaba tales delicadezas. El desconocimiento sobre dichas cuestiones puede ser entendible en culturas de la Antigüedad, pero en nuestros tiempos, donde la información circula rápidamente, es generalmente mal vista la despreocupación por los usos y costumbres de otra sociedad; esa limitación cultural no ayuda en lo más mínimo a fortalecer una relación social o comercial; por otra parte, una persona culta no debe extrañarse de nada y, desde luego, considerará por su buen nombre y dignidad las modalidades o usanzas de la sociedad que visita, como también sabrá a la perfección las características de su propia comunidad.[5]

Realmente, todo esto es indispensable cuando se organiza un evento, de cualquier índole, y con mayor razón si asisten invitados de otras nacionalidades.

De la misma manera, al pautar un evento para nuestra sociedad deberemos conocer bien el nivel socio-cultural de a quienes está dirigido.

Es cuestión de respeto, de no hacer sentir incómodo al invitado.

Al pactar una reunión deberemos saber si los invitados extranjeros acostumbran recibir regalos, si los abren delante de uno, si se los devuelve. Como en las Sextas Jornadas Nacionales de Ceremonial organizadas por la entidad que las nuclea, la Asociación de Profesionales del Ceremonial de la República Argentina. Su presidente, en forma muy amena comentaba las distintas culturas y costumbres, como los países en el que le

5 Carlos Méndez Paz (h), *op. cit.*

entregaron un premio, que hay que devolver, o sea que es un obsequio simbólico. Gran *gaffe* cometería el organizador que no conociera esta costumbre para transmitirla a su cliente o al mismo homenajeado, quien, sin saberlo, retuviera sin querer el citado galardón.

Tomemos algunos ejemplos:

- Una graduación.
- La entrega de determinadas condecoraciones.
- El acto de declarar personaje ilustre a una persona.
- El nombrar Huésped de Honor de una ciudad a un invitado.
- Cuando se hace entrega de las llaves de la ciudad.
- La entrega del Premio Nobel.
- La presentación de cartas credenciales.
- El Tedeum.
- La asunción de mandatarios gubernamentales.
- Los oficios religiosos.
- Las honras fúnebres.
- El cortar la torta en las fiestas de quince años o casamientos.
- La ceremonia del té.
- Preparar y servir el asado.
- Discursos o conferencias, entre otros.

Todos estos actos y reuniones, de diferentes características y connotaciones, sin pretender hacer comparaciones, se realizan siguiendo pautas culturales, políticas, religiosas o tradicionales bien estipuladas.

Cualquier asador que se precie de tal cocinará primero una carne, luego la otra, colocará brasas y maderas de un tipo especial de árbol, que dará determinado sabor.

Cortará la carne de una manera, con el cuchillo apropiado. La bebida que acompañe será la correspondiente a cada sabor, a cada tipo de carne y de animal.

La costumbre de comer el cuscus (comida árabe), sentados en el piso sobre la alfombra o en almohadones, y que a veces se adopta en alguna reunión como para ofrecer algo diferente, tiene su origen en las épocas en que los viajeros se detenían a descansar y comer en mitad de camino; no tenían cubiertos ni mesas y sillas, y llevaban mantas y almohadones.

El organizador debe conocer estas costumbres, estar al tanto e interiorizarse al respecto, para no cometer ningún error. Para ello, cuando se trate de tradiciones extranjeras, puede consultar en las respectivas embajadas, consulados, o agregadurías.

Si no conocemos todo el ritual de la ceremonia del té de los países orientales, al menos sabemos que existe. También tenemos idea de alguna ceremonia propia de los militares, como la guardia de honor con los sables, para un casamiento.

En el acto de izar o arriar la bandera, de cómo guardarla, doblar o sostener, cada paso está pautado. En la entrega de condecoraciones, en las premiaciones, en la coronación, en las honras fúnebres, todo está previamente dispuesto, reglamentado. Por lo tanto, el evento y el ceremonial están íntimamente ligados; podríamos decir que no existe evento sin ceremonial.

Hasta los años 1920 o 1940 algunos señores, al llegar a su casa, se cambiaban la ropa y se vestían con el clásico *fumoir;* como su nombre lo indica, fumador, vestimenta especial para fumar.

Después de algunos banquetes, en Latinoamérica los hombres se separaban de las mujeres para beber y fumar, o sea que la comida se dividía en dos partes: la primera, el servicio de comer en sí y la segunda, el momento de escuchar música, charlar cada grupo por su lado y de temas muy diferentes; las señoras bebían su licor, generalmente hecho en casa, y allí hablaban de moda y niños, sus temas en los comienzos del siglo XX, mientras que ellos tocaban los temas políticos, viajes, etc.

No olvidemos:

El ceremonial propicia también una forma de comunicación, pues a través de imágenes y mensajes se refleja necesariamente una política institucional determinada. Lo dicho se percibe de varias formas; en, por ejemplo, una ceremonia de asunción de un ministro, en el orden de investidura de un prelado, en una parada militar, en la inauguración de una planta fabril, en la apertura de una filial bancaria, en el cierre de un congreso internacional o bien en la entrega de premios en eventos deportivos. En todos los casos se exhiben signos externos de variada característica y se aplican normas de alto contenido simbólico, se dictan profundos y conmovedores discursos, se aprecian y practican la cortesía, el orden y la imposición jerárquica. En una palabra, con todo ello se indica una armonía política y ceremoniosa y, por lo tanto, estructural de la organización emisora del mensaje. [6]

6 *Ibídem.*

Veamos ahora alguno de esos actos, sus problemas más frecuentes, aplicables a otras circunstancias y sugerencias para el normal desarrollo y resolución de imprevistos.

Todo acto tiene un ceremonial, que son las normas prefijadas, porque el ceremonial marca un orden. Ese orden en definitiva es respeto, respeto por la jerarquía, por la investidura, por el cargo, por el sexo, en lo que hace a las reuniones sociales en las que la dama tiene preeminencia sobre el hombre.

¿Por qué no se cumplen las normas del ceremonial? ¿En qué situaciones o en qué circunstancias la persona ocupa un cargo y el respeto es hacia el cargo, no hacia la persona?

La relación del organizador y el agente de ceremonial, es la lucha entre el agente de ceremonial, el protocolo, el espacio, la seguridad, las pautas fijadas; lo que se modifica a último momento.

ERRORES MÁS COMUNES DURANTE EL CEREMONIAL

1. *Incorrecta ubicación de las banderas:* La bandera argentina no cede la derecha. Cuando hay una bandera de la empresa o institución no oficial deberá colocarse a la izquierda.
2. *Incorrecto tamaño de las banderas:* Las banderas deben ser todas del mismo tamaño, lo mismo el asta y el áspide. En caso de que las banderas no fueran iguales, la argentina siempre deberá ser la más grande.
3. *Incorrecta altura de las banderas:* Todos los mástiles y pies de las banderas deberán estar a la misma altura, salvo banderas pertenecientes a empresas o instituciones (o sea, que no son oficiales).
4. *Incorrecta ubicación de los invitados en la mesa:* Para no cometer errores, debemos tener en jerarquía las normas de cercanía y proximidad. El orden jerárquico se da de adentro hacia fuera y de adelante hacia atrás. La persona de mayor jerarquía ocupa el centro de la mesa, y comenzando por la derecha se sientan en orden jerárquico.
5. *Incorrecta ubicación de los carteles de estrado:* Los carteles deben colocarse exactamente igual al orden jerárquico, mirando hacia el público. Eso significa que el cartel del número 1 estará colocado a la derecha de la persona que marca el centro métrico, lo que significa a la izquierda del público.
6. *Incorrecto orden de los oradores:* El orden de los oradores es

inverso a todas las demás acciones. Siempre comienza disertando la persona de menor jerarquía y finaliza la de mayor jerarquía.

7. *Desconocimiento del nombre y apellido correctos:* A veces, apellidos largos, extranjeros y con vocablos que no estamos acostumbrados a emplear, o simplemente porque son apellidos compuestos, deberán leerse varias veces, deletréarselos, tratando de silabearlos. Si se puede leer, escríbalos en letras grandes. Además, debe estar familiarizado con su pronunciación, para que surja natural.
8. *Desconocimiento del cargo, rango o función:* Conozca el cargo, función o rango de la persona que debe presentar, saludar o anunciar. En la deuda, absténgase de darle ninguno, simplemente puede decir el doctor, licenciado, señor, colega, prestigioso, nuestro amigo, etc.
9. *Envío de invitaciones fuera de término:* Las invitaciones para una boda deberán enviarse con un mínimo de quince días de anticipación y un máximo de treinta y cinco. Para otro tipo de reuniones, entre quince y veinte días de anticipación. Recordemos que es importante colocar el "R.S.V.P" (*Répondez, s'il vous plaît*) en los casos que necesitemos conocer la cantidad exacta de asistentes.
10. *Envío de invitaciones incompletas:* Para asegurarnos de que la invitación posee los datos completos de la información que queramos enviar, debemos prestar atención a que siempre figure:
    - Dónde se realiza.
    - Qué se realiza.
    - Quién invita (la persona, le empresa o institución).
    - Cuándo se realiza.
    - Por qué.
11. *Errores en el envío de invitaciones:* Puede ocurrir que no se haya invitado a una persona que debía concurrir, en ese caso se podrá hacer la invitación telefónicamente, advirtiendo que no se le envió la misma o se lo hizo a destiempo, o por un problema del correo. En caso de personas importantes o autoridades, siempre debe llevarse en mano, con un correo privado o persona de la empresa.
12. *Falta de seguimiento de la invitación:* Posterior al envío de la invitación, deberá hacerse un seguimiento para saber un poco más acotadamente la cantidad de personas que asistirán a la reunión.
13. *No se devuelve la invitación:* Lo que corresponde es retribuir la atención que han tenido con nosotros. Por ejemplo, las personas

que fueron invitadas a una boda deberían invitar a comer a los novios dentro del año posterior al casamiento.

Si nos han invitado a una casa, debemos invitar también a la nuestra. Puede que por diferentes circunstancias no podamos organizar en nuestra propia casa una reunión (por tamaño, personal doméstico, niños pequeños, etc.), en ese caso se podrá invitar a tomar el aperitivo y luego ir a comer a un restaurante; también se puede invitar al café o a una copa de champán en la casa, posterior a la comida realizada en otro lado.

14. *Desconocimiento de las costumbres de extranjeros:* Si sabemos que vamos a tratar con personalidades extranjeras es necesario conocer las costumbres de ese país. Tal como comentara en el capítulo anterior, es mal visto un caballero que no sabe recibir. Debemos averiguar con el asistente, edecán, secretaria o acompañante si a esa reunión pueden asistir mujeres, los horarios, el tipo de comida y bebida, los colores, si las señoras pueden estar con los brazos al descubierto, si se pueden entregar y recibir obsequios. Si se le obsequia solamente a la personalidad, si se le hace entrega en público o privadamente, si se devuelve ese obsequio porque el acto es sólo simbólico.

15. *Demasiado acartonamiento:* En cualquier relación debe prevalecer la espontaneidad, la sencillez, lo que haga sentirse cómoda a la otra persona. La rigidez no es buena, no es natural.

    Hablando de sencillez, recuerdo una anécdota de la época de "algún Luis". A una reunión llegó una persona muy bien vestida, impecable, digna de admiración. Al acercarse a saludar al anfitrión, éste le dice asombrado: "¡Qué elegancia!", a lo que el invitado replicó: "Si se nota y se remarca tanto mi atuendo es porque no estoy tan elegante", por lo que se fue a su casa y se cambió.

    El agente de ceremonial, o la persona que cumpla esa función, deberá ser cortés sin demasiada familiaridad, hablar en tono de voz bajo, que le escuche sólo el que está a su lado, no gesticular, minimizar cualquier situación imprevista o embarazosa pero siempre dentro de lo natural.

16. *Demasiada francachela, compañerismo, familiaridad en el trato:* Nunca deberá tener un trato familiar en reuniones empresariales y formales, ni llamar por el sobrenombre o con adjetivos (*gordita, negrita, petiso, mi amor, chiquita, etc.*), por nombrar sólo algunos ejemplos. Tampoco es correcto tocar a la persona cuya

jerarquía sea superior a la nuestra, besarla o tomarla del brazo, si no es ella la que toma la iniciativa.

17. *Mala colocación de los cubiertos en la mesa:* Los cubiertos deben emplearse de afuera hacia adentro, si tenemos a la derecha una cuchara de postre, sabremos que el primer plato es una copa de frutos de mar, o manjares trozados que no requieren tenedor y cuchillo.
18. *Vestimenta inadecuada para el momento y el lugar, y la persona:* La vestimenta del personal de una empresa, institución, además de otros factores, también nos dan la imagen de esa empresa, por lo que debe cuidarse hasta el último detalle. Deberá tenerse en cuenta que uno sigue representando a la empresa en las reuniones sociales, en los eventos que realice la misma fuera de ella, en los viajes, por lo que tanto el comportamiento como la vestimenta siempre deberán ser acordes.

Sugerencias:

- Si no ha podido consultar con entidades autorizadas, con especialistas en ceremonial, para evitar errores y contratiempos, o situaciones desairadas:
  a) Chequee cargos, nombres, apellidos.
  b) Consulte las jerarquías.
  c) Prepare a personas que integrarán el comité de recepción (licenciados en RRPP).
- Respecto de la palabra, recuerde: si bien hemos dicho que las jerarquías están dadas por el cargo o título de la persona, y marcan la precedencia y la presidencia en una mesa o palco, el orden de los oradores es inverso a las leyes protocolares; comienza hablando el de menor jerarquía y finaliza el de mayor jerarquía.

EL PROTOCOLO[7]

—¿Cuáles son los errores más comunes que se cometen en nombre del protocolo?

—En toda solemnidad hay siempre imprevistos que pueden ser resueltos. Siempre habrá alguien que los cometa por cuestiones de

7 Entrevista a Lucius Goncalves de Manaos (Brasil).

imposición política, o hasta porque algún invitado se cree conocedor de las reglas del protocolo. Los errores más comunes son los de Orden de Precedencia, pues, en medio de tantas autoridades e invitados de honor, siempre están los que se juzgan más importantes. Existen casos en que se torna muy difícil al profesional convencer a ese alguien de que su nombre no consta en la lista de integrantes de la mesa de autoridades de la solemnidad. En estos casos es aconsejable que esta lista sea previamente divulgada. Yo mismo ya pude presenciar situaciones en que alguien, sin ninguna precedencia, se ofreció al Presidente de la Solemnidad para hacer parte de la mesa directiva, y él no pudo negarse. Por eso el ceremonial siempre deberá poseer sillas reservadas, posicionadas discretamente en lugares estratégicos, a fin de que las mismas sean inmediatamente colocadas y así solucionar lo imprevisto.

—*¿Podría contar algún imprevisto y cómo lo resolvió?*

—Sí, ocurrió durante la ceremonia de un matrimonio, que me dejó aprensivo, pero que pude resolver con mucha rapidez, creando en el transcurso de ese imprevisto un nuevo estilo de entrada para la novia.

La noche del gran acontecimiento, los ánimos estaban exaltados, pues el novio se atrasó, llegando, casi simultáneamente, con la novia. Rápidamente coloqué el cortejo de la entrada del novio camino al altar y retorné a la puerta de la iglesia para providenciar la entrada de la novia.

La posicioné, le arreglé el velo y le entregué el bouquet. Cuando me dirigí para posicionar a las damas de honor, la novia llamó a una de mis recepcionistas, solicitando que la misma asegurase el bouquet. En ese mismo instante sonó la Marcha Nupcial y la novia se encaminó, rápidamente, con su padre rumbo al altar, olvidándose del bouquet. Mi recepcionista me lo señaló y pude percibir la situación. Por una coincidencia, la pequeña Dama de Honra, de apenas tres añitos, se había negado a entrar con las demás damas, e inmediatamente pensé en colocarla en acción. Le pedí cariñosamente que ella caminase lentamente por la nave central, llevando consigo el bouquet, y lo entregase a la novia. A través de la radio transmisora, que siempre llevo conmigo, me dirigí al Maestro, pidiéndole que la música no parase. ¡Fue perfecto! Todos se viraron para verla entrar con el bouquet y entregárselo a la novia. A los ojos de los invitados, todo pareció muy bien ensayado, y este hecho causó un gran encantamiento entre ellos, tornándose en el punto alto de los comentarios durante la recepción, y siendo, posteriormente, copiado en otras ceremonias.

—¿Qué consejo le daría a un organizador de eventos que no está especializado en protocolo y no cuenta con un agente de ceremonial?

—El único consejo que se puede dar es que él mismo lea e investigue, porque en protocolo no se improvisa, existen unas series de reglas que deben ser seguidas con precisión. Hoy en día la bibliografía sobre el asunto es vastísima, con innumerables títulos publicados por grandes maestros en el asunto. Además, del recurso de la Internet.

—Ante una indicación suya al invitado de honor o a una autoridad..., ¿responden siempre de la misma manera o tienen diferentes reacciones?

—No, los invitados reaccionan de diversas maneras. El buen profesional debe saber conducir la situación, debe tener buen humor y rapidez de raciocinio, facilitando su trabajo y encarando con tranquilidad las dificultades que el invitado pueda venir a presentar en el transcurso de un evento solemne.

—¿Cuál es el límite entre ser cortés, pero firme, para aplicar alguna norma?

—El límite es evitar el vejamen inminente. Por ejemplo, el caso de un invitado que se exceda en su dosis de whisky. El agente de ceremonial debe ser rápido y firme, pero discreto al conducirlo a la salida más próxima, antes de que él mismo provoque una situación desagradable y vejatoria.

—¿Cómo responden las personalidades ante sugerencias o indicaciones precisas?

—La función de un profesional de protocolo es celar para que el evento transcurra de la mejor forma posible. Las instrucciones deben ser dadas mostrando que éstas deben ser cumplidas, para que todo acontezca perfectamente durante la ceremonia. El agente de ceremonial debe ser visto, o mejor comprendido, por los invitados de honor y por las autoridades como un colaborador y no como un dictador de normas.

EPÍLOGO

EVENTOS Y COMUNICACIÓN[8]

Cuando un periodista recibe la invitación a un evento, recibe mucho más que una tarjeta impresa, un fax o un e-mail, recibe un lugar virtual en el evento mismo. Esa invitación, a su vez, oficia como una suerte de recepcionista invisible, que de acuerdo con el ingenio, la creatividad y la funcionalidad con que ha sido enviada puede definir la participación o difusión del evento.

Cuando se trata de seducir al comunicador para que asista a un lanzamiento de producto o reunión de carácter comercial, lamentablemente muchas veces la asistencia o no del periodista no depende de cuestiones subjetivas, sino de si esa información se ajusta a las necesidades de comunicación del medio para el cual el periodista se desempeña (o incluso de la época en que se desarrolla el lanzamiento, y las coincidencias o no con el material que al medio le interesa difundir).

En muchos casos, y dado que las dotaciones de las empresas periodísticas son cada vez más dinámicas pero

8 Por Juan Carlos Grassi, director del Grupo Editorial Ferias & Congresos.

pequeñas en número, el periodista prefiere la *brochure* con toda la información sobre el producto antes que asistir al evento (que le insumirá tiempo neto de producción en la redacción o el estudio). Por lo tanto, a veces, más que la invitación en sí, lo importante es el seguimiento personalizado para corroborar, en primer lugar, si el periodista ha recibido efectivamente esa invitación, y en segundo lugar, más que para confirmar su asistencia, para consensuar la forma en que la información llegará a ser publicada (objetivo final del evento, más allá de la cantidad de asistentes). Un aspecto que a veces los clientes de quienes organizan los eventos no tienen en cuenta es exactamente éste: que lo más importante no es una sala llena de periodistas sino una carpeta llena de recortes con la información publicada.

Lo más interesante de un evento es cuando el periodista puede recibir más de una información, ya sea porque allí se producirán novedades de carácter académico, cultural, comercial o del mundo del espectáculo, por lo cual se multiplica su motivación para asistir al mismo. Esto incide en tornar más "noticiable" un evento, si bien en última instancia el factor determinante será la coincidencia temática entre el evento y el interés informativo del medio y de la época en que será publicado.

Lo peor que puede ocurrirle a un periodista en un evento es llegar un día feriado a un salón, encontrarse con que no hay una mesa de acreditaciones para la prensa, ingresar en el salón y que durante diez minutos nadie se acerque a preguntarle quién es ni a qué medio representa. Ésa es una noticia que nunca saldrá. *El periodista asiste por afán profesional, no como "desahogo social" para evadir horas de oficina. Por eso, en general, su opinión sobre los eventos es absolutamente personal, signada por su propio juicio crítico, y lo que procura es obtener la mayor cantidad de información en el menor tiempo posible. Un periodista es un creativo que se desempeña bajo presión, no un* lobbista *o un diplomático, para quien las relaciones públicas forman una parte "presupuestada" de sus tareas.*

En estos tiempos, a diferencia de años atrás, se produce un fenómeno interesante. Antes, cuando un periodista asistía a un evento lo hacía en representación de un medio. Actualmente, *cuando se trata de un profesional experimentado o bien posicionado, este periodista se ha convertido en "una marca" en sí misma*, por lo cual a veces asiste en representación de uno o más medios, pero generalmente contemplará los intereses de aquel que ha recibido la invitación.

Finalmente, se debe tener en cuenta que el comunicador siempre respeta la línea editorial del medio para el cual trabaja; y si ésta no coincide con la suya, tiene dos caminos: olvidarse de la suya de 12 a 18 (o de 14 a 20), o la puerta... El periodismo no es la excepción a otras actividades empresarias, y se rige por una estricta línea de producción, con jerarquías marcadas (es paradójico, porque *aunque la prensa es una herramienta fundamental para el desarrollo de la democracia, el funcionamiento interno de una redacción no es democrático sino de un férreo verticalismo*, más allá de lo conservador o progresista que sea la tendencia que siga el medio). Por eso, quienes procuran la difusión de un evento deberán tener en cuenta toda esta serie de factores para emitir lo más claramente posible su mensaje: desde la tarjeta de invitación, las gacetillas y material gráfico, el trato mínimamente amable y considerado hacia el profesional, y el seguimiento personalizado antes, durante y después de la reunión, a fin de lograr que el evento se convierta en noticia.

Made in the USA
Monee, IL
11 November 2026

68341149R10111